대한민국의 위대한 지도자

김구 리더십

전도근   지음

청소년 멘토 시리즈
Kim Koo
KIM KOO

BOOK★STAR

| 백범 김구 존영

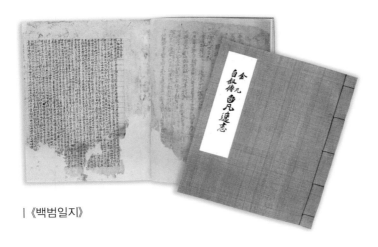

|《백범일지》

| 백범과 윤봉길 의사

| 이봉창 의사

| 한국 광복군

| 대한민국 임시정부 제34회 임시의정원 일동
  (1942년)

| 중경 연화지 임정 청사를 떠나기 앞
  서 찍은 임정 요인들과 직원들의 기
  념사진

| 모친 곽낙원 여사 장례식
  (1939. 4. 26.)에 참석한
  백범 일가 왼쪽부터 차남 신,
  장남 인, 백범, 김홍서

| 파란만장했던 70여 평생 중 가장
  단란했던 상해 시절의 한때.
  맏아들 인과 부인 최준례

| 38선 표지 앞에 선 백범(1949. 4. 19.)

| 남북연석회의에서 백범

눈 덮인 들판을 걸어갈 때,
함부로 어지럽게 걷지 마라.
오늘 내가 가는 이 길은
뒷사람의 이정표가 되리니.

분단 전후 백범이 가장 즐겨 썼던
서산대사의 선시(禪詩)이다.

踏雪野中去 不須胡亂行 今日我行跡 遂作後人程

| 백범이 어려운 어린이들을 위해 마포구 염리동에
세운 창암학원(1949. 3. 14.)

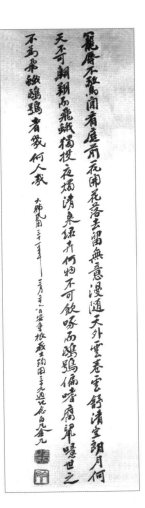

영욕에 초연하여 그윽이 뜰 앞을 보니
꽃은 피었다 지고
가고 머무름에 얽매이지 않고 하늘가 바라보니
구름은 모였다 흩어지는구나.
맑은 창공 밝은 달 아래
마음껏 날아다닐 수 있어도
부나비는 유독 촛불만 좇는다.
맑은 물 푸른 숲에 먹을 것 가득하건만
수리는 유난히도 썩은 쥐를 즐긴다.
아! 세상에 부나비와 수리 아닌 자
그 얼마나 될 것인고?

백범이 즐겨 읽던 《채근담》에 나오는 글이다.
부나비와 같이 영화만을 좇거나
눈앞의 이익만 탐하는 무리를 질타하는 내용이다.

| 김구의 사망을 알고 몰려와 슬퍼하는 시민들
(경교장 백범의 집무실에서 총알에 구멍이 뚫린 유리창으로 본 풍경)

| 경교장에서 서거한 백범(1949. 6. 26.)

| 백범의 국민장 장례 행렬(1949. 7. 5.)

대한민국의 위대한 지도자

김구 리더십

청소년 멘토 시리즈

Kim Koo

KIM KOO

바른 길로 가라
Do it the right way

머리말

 김구는 자신의 전 생애를 조국과 민족을 위해 바친 겨레의 스승이다. 김구는 《백범일지》를 통해서 자신이 살아온 길을 진솔하게 적어 놓았기 때문에 비교적 다른 위인들에게 비해서 김구 선생의 사상과 업적을 소상히 알 수 있다.

 백범 김구는 강화도 병자수호조약을 체결하던 해에 황해도 해주의 가난한 농사꾼 김순영, 곽낙원 부부의 장남으로 태어났다. 9세에 한글과 한문을 배워 통감, 사략, 병서, 대학, 당시唐詩를 배웠으며 17세에는 과거에 응시했다가 낙방하였다. 미리 합격자를 정해 놓을 정도로 타락한 조선 말기의 과거제도는 김구에게 사회개혁 의지를 심어주었다. 1893년 동학에 입도한 후 이름을 창수昌洙라 개명하고 그 이듬해에는 18세의 나이에 팔봉접주로 임명되었다. 동학농민운동이 일어나자 황해도 동학군의 선봉장으로 활약하였으나 관군에게 패배하였다. 20세에는 압록강을 건너가, 만주에서 김이언이 지휘하는 의병단에 참가하여 활동하였다.

1896년에는 일본인에게 시해당한 명성황후의 원수를 갚고자 치하포에서 쓰치다를 살해한 혐의로 체포되어 사형에 처해지게 되었으나, 운이 좋게 고종이 사형을 보류시켰다. 탈옥 후 공주 마곡사의 승려가 되었으나, 적성에 맞지 않아 1899년 환속하였고, 황해도 각지에 학교를 설립하는 등 신교육 운동에 노력하였다. 1903년에는 감리교에 입교하였고, 1905년에는 을사늑약 무효 투쟁을 벌이는 등 국권 회복 운동을 전개하였다. 1907년에는 국권 회복 운동을 위해 신민회에 가입하여 황해도 총감으로 활동하다가 1911년 안악사건으로 수감되었다. 1915년 출옥한 후에는 동산평 농장의 농감으로서 농민 계몽 운동을 전개하였다.

1919년 3·1 운동이 일어나자 중국 상해로 망명하여 대한민국 임시정부에 참여하여 경무국장, 내무총장, 국무령 등을 역임하였다. 또한, 한인애국단이라는 무장 독립운동 조직을 만들어 이봉창 의사의 의거 및 윤봉길 의사의 홍커우공원 의거 등을 지휘하였다. 1940년에는 미군의 협조를 받아 광복군을 조직하여 군사 활동을 전개하였으며 1944년 임시정부 주석으로 취임하였다. 그러나 공산당원에게 총격을 받아 사경을 헤매기도 하였다.

　1945년 11월, 김구는 임시정부 주석의 자격으로 귀국을 시도하였으나 미군정의 반대로 개인 자격으로 귀국하여 주한미군 사령관 하지와 마찰을 가졌다. 반탁 운동을 전개하며 조국의 자주독립을 위해 헌신하였다. 1948년 남한만의 단독 총선거를 실시한다는 국제연합의 결의에 반대하여 통일정부 수립을 위한 남북 협상을 제창하여, 북행길에 올랐으나 성과를 얻지 못했다. 이로 인해 동지이자 경쟁자였던 이승만이 남한의 초대 대통령으로 당선되면서 김구는 급격하게 역할을 잃어버리게 되었다. 결국, 1949년 6월 26일 경교장에서 73세의 나이에 육군 포병 소위 안두희에게 암살당하여 국민을 슬픔에 빠지게 하였다.

　백범의 삶은 한국 근현대사의 발자취와 함께 하고 있다. 더구나 그가 출생한 1876년부터 타계하는 1949년까지의 시기는 외세에 의한 간섭과 지배로 어지러운 혼란의 시기였다. 김구 선생이 살아온 일생을 추적해보면 도저히 한 사람의 삶이라고는 믿어지지 않을 정도로 다양하고 파란만장한 일생을 보냈다.

김구 선생의 복잡다단한 삶을 한마디로 표현한다면, 편안한 삶을 버리고 일제의 침략 아래 신음하는 우리 민족을 구하고자 독립운동을 하였고, 해방된 통일 조국 건설에 혼신의 힘을 다하시다 끝내 비명에 가신 대한민국의 지도자라고 할 수 있다.

이 책은 김구 선생의 탄생에서부터 성장, 그리고 임시정부의 생활과 해방 후 한국에서의 삶을 조명하고, 여기서 김구 선생에게 배울 수 있는 교훈을 찾아보았다. 그리고 김구 선생에게 배워야 할 리더십과 김구에게 영향을 준 사람들에 대해서 알아보았다.

이 책은 김구의 삶을 통해서 우리들에게 세상을 사는 방법을 알려주는 책이다. 이 책을 통해 우리나라의 주인공이 될 청소년들이 김구의 애국심과 리더십을 배웠으면 좋겠다.

저자 전도근

머리말 · · · · · · · · · · · · · · · · 03

Ⅰ. 김구의 성장 / 13

어지러운 세상과 함께 태어나다 · · · · · · · 16

장난이 심했던 어린 시절 · · · · · · · · · 19

사회에 눈을 뜨기 시작하다 · · · · · · · 23

공부를 시작하다 · · · · · · · · · · · 25

공부에 대한 목마름 · · · · · · · · · 29

과거를 보다 · · · · · · · · · · · · 33

동학농민운동에 참여하다 · · · · · · · · 37

II. 김구의 청년기 / 42

의병 활동을 하다 · · · · · · · · · · · 46

호랑이에 물려가도 정신만 차리면 산다 · · · · · 49

쓰치다를 살해하다 · · · · · · · · · · 52

감옥을 학교로 만들다 · · · · · · · · · 56

탈옥하다 · · · · · · · · · · · · · · 60

승려가 되다 · · · · · · · · · · · · · 62

서당 훈장이 되다 · · · · · · · · · · · 64

어렵게 결혼하다 · · · · · · · · · · · 67

계몽 운동에 헌신하다 · · · · · · · · · 71

다시 체포되다 · · · · · · · · · · · · 75

석방되어 계몽 운동을 하다 · · · · · · · · 80

III. 독립운동을 전개하다 / 82

상하이 임시정부에 참여하다 · · · · · · · 85

자금난에 시달리던 임시정부 · · · · · · · 90

이봉창 의사의 일본 국왕 살해 미수 사건 · · · 93

윤봉길 의사와의 만남 · · · · · · · 96

자싱嘉興으로 피신하다 · · · · · · · 100

옥관빈 암살하다 · · · · · · · 103

중일전쟁이 일어나다 · · · · · · · 105

저격당하다 · · · · · · · 108

임시정부 주석이 되다 · · · · · · · 111

해방되다 · · · · · · · 113

IV. 해방 후 통일 정부를 꿈꾸다 / 117

한국에 돌아오다 · · · · · · · · · · · · · · 119

신탁통치에 반대하다 · · · · · · · · · · 123

정부 수립을 꿈꾸다 · · · · · · · · · · · 127

백의사 폭탄 투척 사건 · · · · · · · · 129

이승만과의 경쟁 · · · · · · · · · · · · · · 131

이승만과의 결별 · · · · · · · · · · · · · · 133

통일 정부를 세워야 한다 · · · · · · 136

북한을 방문하다 · · · · · · · · · · · · · · 139

오해를 받다 · · · · · · · · · · · · · · · · · · 144

김구 암살되다 · · · · · · · · · · · · · · · · 147

V. 김구에게 배워야 할 리더십 / 150

나라를 사랑하라 · · · · · · · · · · · · · 153

용기를 가져라 · · · · · · · · · · · · · 157

정의로운 사람이 되라 · · · · · · · · · 160

효도하라 · · · · · · · · · · · · · · · · 164

포용력을 가져야 한다 · · · · · · · · · 167

헌신해야 한다 · · · · · · · · · · · · · 170

도덕성을 가져라 · · · · · · · · · · · · 173

신념을 가져라 · · · · · · · · · · · · · 177

의심하지 마라 · · · · · · · · · · · · · 180

청렴하라 · · · · · · · · · · · · · · · · 183

VI. 김구에게 영향을 준 사람 / 188

김구의 어머니 곽낙원 · · · · · · · · · 191

안중근의 아버지 안태훈 · · · · · · · · 195

인생에 큰 가르침을 준 고능선 · · · · · 199

정치적 경쟁자이며 동반자였던 이승만 · · 202

김구의 조력자 장제스 · · · · · · · · · 207

김구의 그림자 김규식 · · · · · · · · · 214

내가 원하는 우리나라 · · · · · · · · · 217

김구 약력 · · · · · · · · · · · · · · 222

01

김구의 성장

김구의 성장

김구는 그의 삶이 순탄하지 않았던 것을 예고라도 하듯이 강화도병자수호조약을 체결하던 1876년에 태어났다. 김구는 어릴 때 여느 아이들처럼 장난이 심했다. 그러나 자신의 신분이 비천하다는 것을 느끼면서 정의가 무엇인지를 생각하게 되었다.

김구는 평생의 한이던 상민의 껍질을 벗고 양반이 되어 양반에게 당해온 오랜 수모를 갚아야겠다고 생각하였다. 그래서 그 방법으로 공부해야 한다는 것을 깨달았다. 그의 배움에 대한 욕구는 어려운 환경 속에서도 멈추지 않았다.

그러나 17세 때는 과거에 응시했다가 낙방하였다. 미리 합격자를 정해놓을 정도로 타락한 조선 말기의 과거제도는 김구에게 사회 개혁 의지를 심어주었다. 그는 세상을 변화시키고자 동학에 입도한 후 이름을 창수昌洙라 개명하고 그 이듬해에는 18세의 나이로 팔봉접주로 임명되었다.

동학농민운동이 일어나자 황해도 동학군의 선봉장으로 활약하였으나 결국은 동료의 공격으로 패배하였다. 20세에는 압록강을 건너가, 만주에서 김이언이 지휘하는 의병단에 참가하여 활동하였지만 역시 패배하였다. 김구의 성장기는 김구에게 있어서 사회의식에 대해 눈을 뜨게 하였으며, 사회 변혁에 참여를 시작하는 시기이다.

01 어지러운 세상과 함께 태어나다

1876년 대원군의 통상수교 거부정책으로 조선과 교섭이 어려웠던 일본은 우리의 문호를 개방하려 하였다. 그러나 대원군이 호락호락하지 않기 때문에 결국은 무력으로 문호를 개방하려는 계획을 세웠다. 일본은 강화도 앞에 군함 운요호를 보내 조선의 해안을 연구하는 척하다 강화도 앞바다에 침입하였다. 이에 놀란 조선 수군은 공격을 하게 되고, 이에 일본은 보복으로 대포를 쏘아 우리 측 수군들이 다수 죽고 성이 무너지는 물적 인적 피해를 당했다. 그러나 일본은 오히려 우리에게 책임을 물어 위협을 가해 어쩔 수 없이 강화도병자수호조약을 체결하여 조선의 문호를 강제로 개방하였다.

이처럼 어지러운 시대에 황해도 해주 백운방 텃골에서 김순영당시 24세과 곽낙원당시 17세 부부의 외동아들이 태어났다. 가난한 농부의 아들로 태어난 이 아이가 바로 겨레의 큰 스승 백범白凡 김구다.

원래 이름은 창암昌巖이었지만 19세 때 이름을 창수昌洙로 바꾸었으며, 37세에 거북 구龜였던 이름을 아홉 구九로 바꾸었다. 호인 백범은 독립국을 이루기 위해서는 가장 천하다는 백(白)정과 무식한 범(凡)부까지 전부가 적어도 나만 한 애국심을 가진 사람이 되게 하자는 소원을 나타낸 것이다.

김구의 가문은 신라 경순왕의 자손으로서 조선 시대 효종 때에 김자점*이 청나라 군대를 끌어들였다는 죄로 가족 전체가 전부 죽임을 당하게 되자, 남아 있던 가족들은 숨어 살기 시작하였다. 김구의 선조들도 죽임을 피해 서울 부근으로 이사하였다가 다시 황해도 해주로 이주하여, 양반의 신분을 감춘 채 11대에 걸쳐 정착하였다.

김구의 선조들은 죽음을 피하기 위하여 양반의 신분을 숨기고 상민으로 행세하여 목숨을 연명해 왔다. 그래서 어쩔 수 없이 황해도 산골에 숨어 살던 김구의 집안은 양반들의 학대를 참아가며 빈곤한 생활을 하였다. 이렇게 되자 김구는 자라면서 주변의 양반 일족에게 대대로 천대를 받는 것을 지켜보게 되었다. 상민이었던 김구는 어릴 때부터 굴욕감을 느끼면서 성장하였다.

---

* 김자점 : 효종이 즉위하고 송시열 등 사림 세력의 등용으로 북벌론이 대두되자, 위협을 느끼고 청나라에 누설하였다. 이후 유배되었다가 아들 익의 역모사건이 발생하자 처형되었다.

TIP

김구의 탄생은 공교롭게도 조선의 몰락을 시작하게 하는 사건인 강화도병자수호조약이 체결된 해이다. 같은 해에 태어난 김구는 일본의 침략을 저지하고, 식민지에서 해방되기 위해 죽음을 두려워하지 않고 저항하였다. 일본은 패전하여 물러났다. 결국, 김구의 탄생은 하늘이 앞으로 닥칠 조선의 난세를 미리 알고서 나라를 구할 영웅을 보내준 것이 되었다.

02 장난이 심했던 어린 시절

어머니는 김구를 낳을 때 쉽게 나오지 않아서 고생을 하였다. 고생 끝에 태어난 아기는 덩치도 보통 아이들보다 컸고, 젖도 많이 먹었다. 집안이 가난해서 제대로 먹지 못한 어머니는 늘 젖이 모자라서 아이에게 미안해했다.

아이는 자꾸 자라면서 더 많은 젖을 요구했고, 결국 어머니는 아기를 안고 이집저집을 다니면서 동냥젖을 먹이면서 키웠다.

김구가 네 살 되던 해 천연두를 앓게 되었다. 천연두는 바이러스에 의해 일어나는 악성 전염병으로 갑자기 발열과 두통 및 요통이 발생하고, 온몸에 부스럼이 나타나며 사망할 가능성이 높다.

천연두를 앓던 김구는 간지러워서 힘들어했다. 어머니는 아들 얼굴에 난 부스럼의 고름을 대나무 침으로 짜냈다. 이 일로 해서 김구의 얼굴은 평생 곰보처럼 마맛자국이 남게 되었다.

김구는 5세 때 해주에서 강령의 바닷가가 보이는 곳으로 이사하였다. 예전에는 호랑이가 나올 만큼 인적이 없는 동네라 어린 김구는 심심할 수밖에 없었다. 더욱이 먹고 살기 위해서 부모님께서 밭으로 일을 하러 가거나 바다로 고기를 잡으러 다니셨기 때문에 혼자 있는 시간이 많았다.

김구는 어렵게 자랐지만 다행스럽게도 몸은 남달리 튼튼하였다. 다만 혼자 있는 시간이 많아지다 보니 자연스럽게 고집도 세어지고 장난도 심했다.

김구는 부모님이 멀리 가서 혼자 있던 날에는 가까이에 있는 양반이었던 이 생원 집에 자주 놀러갔다. 그 집에는 아이들이 여럿이 있어서 그들과 자주 시간을 보냈다. 그런데 어느 날 그 아이들이 합동으로 김구를 때렸다. 양반집의 아들들에게 심한 매질을 당하자 어린 김구는 분을 참지 못하고 집으로 와서 식칼을 들고 이 생원 집으로 달려갔다. 문으로 들어가면 아이들에게 들킬 것 같아 울타리를 뜯고 들어가다 붙들려서 다시 매를 맞았다. 이처럼 김구는 어릴 때부터 부당하게 대우받는 것을 참지 못하였다.

어느 날은 김구가 집을 보고 있는데 엿장수가 가위 소리를 내면서 지나갔다.

김구는 어린 마음에 엿이 너무 먹고 싶었다.

김구는 엿장수에게 물었다.

"엿을 먹으려면 어떻게 해야 해요?"

엿장수는 말했다.

"부러진 숟가락이나 고물을 가져오면 된다."

김구는 엿을 먹고 싶은 생각에 집에 와서 두리번거리면서 엿과 바꿀 것을 찾았다.

마침 아버지가 아끼시는 숟가락이 눈에 띄었다.

김구는 두 번 생각하지 않고 바로 숟가락을 밟아서 부러뜨렸다. 엿장수가 부러진 숟가락만 받는 줄로 알고 있었기 때문이다.

김구는 부러진 숟가락을 가지고 가서 엿으로 바꾸어 먹었다.

마침 집으로 돌아온 아버지가 물었다.

"너 지금 먹고 있는 것이 무엇이냐?"

김구는 말했다.

"엿입니다."

"엿은 어떻게 구했니?"

김구는 사실대로 말했다. 아버지는 어이가 없어서 다음부터 그러지 말라고 타이르셨다.

어느 날 어린 김구는 아버지가 엽전 스무 냥을 아랫목 이부자리에 넣어 두고 나가는 것을 보았다. 김구는 망설이지 않고 돈 꾸러미를 허리에 감고 집을 나섰다.

마침 집으로 들어오던 할아버지는 손자가 돈을 들고 나가는 것을 보고 물었다.

"허리에 돈을 두르고 어디를 가니?"

"떡 사 먹으러 가요."

"돈은 어디서 났는데?"

김구가 사실대로 말하자 할아버지는 김구를 불같이 혼냈다.

"네 이놈 어디서 그런 못된 버릇을 배웠느냐?"

아버지는 이 일을 용서하지 않고 어린 김구를 빨랫줄로 묶어 대들보에 매달아 놓고 회초리로 종아리를 내리쳤다.

"남의 돈을 훔치면 이렇게 매 맞는 법이란다."

어린 김구는 눈물을 흘리며 용서를 빌었다.

이렇게 억지가 세고 장난이 심했던 김구는 차츰 나이가 들면서 의젓해졌다.

03 사회에 눈을 뜨기 시작하다

김구의 아버지 김순영은 학식은 없었으나 덩치가 크고 매우 정의로운 사람이었다. 양반이라고 목에 힘주면서 상민들을 괴롭히는 사람들을 닥치는 대로 때려눕혔기에 해주 감영을 제집 드나들 듯하였다. 김순영은 가난한 자들에게는 잘하고 양반들에게는 엄하게 대하였기 때문에 양반들은 두려워하였지만 상민들은 존경하였다.

그렇게 두려운 존재가 되자 양반들은 그에게 잘 보이려고 지금의 면장과 같은 직책을 마련해주었다. 하지만 김구의 아버지는 벼슬을 하면서 더욱 양반들에게 매몰차게 대했다. 세금을 거둘 때도 상민은 사정을 봐주었지만 양반들에게는 사정을 봐주지 않았다. 결국, 양반들은 그를 비리로 모함하여 자리에서 쫓겨나게 했다.

하루는 문중의 할아버지뻘 되는 친척 중 아들의 혼인을 준비하는 집이 있었다. 문중 할아버지는 서울에 다녀오던 길에 자녀 결혼식에 쓸 갓을 사서 쓰고 사돈을 만나러 갔다. 그것을 본 양반들은 삿대질을 하면서 말했다.

"상놈 주제에 무슨 갓을 쓰느냐?"

양반들은 문중 할아버지의 갓을 빼앗아서 발로 밟아 버렸다.

이후로 김구네 집안은 갓을 쓰지 못하게 되었고, 어린 김구는 가슴에 큰 상처가 되었다.

TIP

김구의 조상은 신라 경순왕의 후손으로서 양반 가문이었다. 그러나 가족 전체가 전부 죽임을 당하게 되자 죽음을 피하기 위하여 양반의 신분을 숨기고 상민으로 행세하여 목숨을 연명해왔다. 그런 상황에서 양반들에게 차별을 당하는 것을 어릴 때부터 보고 자라면서 김구는 신분 차별에 대한 부당함을 몸소 경험하게 된다. 그래서 어릴 때부터 평등한 사회를 구현하려는 꿈을 갖게 된다.

04 공부를 시작하다

똑같은 사람인데도 양반들의 차별과 무시를 받고 자란 김구는, 평생의 한이던 상민의 껍질을 벗고 평등하기보다는 월등한 양반이 되어 양반에게 당해온 오랜 수모를 갚아야겠다고 생각하였다. 어린 김구는 양반이 되려면 과거 시험을 보아야 하기에 공부를 해야겠다는 결심을 하였다.

김구가 열 살쯤 되면서 아버지에게 말했다.

"아버님, 저는 공부를 해서 꼭 양반이 되고 싶습니다. 그러니 글방에 보내 주세요."

아버지는 공부를 해서 양반이 되겠다는 아들이 대견스러웠다.

김구는 가난한 집안이었지만, 9세 때부터 한글과 한문을 배웠으므로 책을 읽을 수 있었다. 그러나 과거를 보기 위해서는 이 정도로 만족할 수 없었다. 양반이 되기 위해서는 더 많이 배워야 하고, 더 높은 수준의 학문을 닦아야 했다.

그러나 당시 상황으로 동네에 김구가 다닐 수 있는 서당이 없었으며, 양반 동네에 있는 서당에서는 상민인 김구를 받아주지 않았다.

아들이 공부를 시작하겠다고 하니 기특하게 여긴 아버지는 고민 끝에 결정을 내렸다.

"그럼, 우리 집에 서당을 만들어서 훈장을 모셔 보자."

김구는 날아갈 듯이 기뻤다. 그렇게 원하던 공부를 할 수 있었기 때문이다.

아버지는 우선 사랑방에 서당을 꾸미고 아이들을 가르친 훈장으로 이웃 동네 사는 이 생원이라는 학자를 선택했다. 신분은 양반이지만 학문의 정도가 높지 않아서 다른 글방에서는 모셔가지 않았지만 인품이 좋고 겸손하신 분이었다.

드디어 김구의 집 사랑방에 서당을 열고 교육이 시작되었다. 김구는 떨리는 마음으로 수업을 받기 시작하였다. 아버지는 김구의 공부하는 모습이 대견해 이 생원의 식사도 책임졌다. 김구는 이러한 아버지의 후원에 고마워하며 아침 일찍 훈장님에게 그날 배울 것을 미리 배워 멀리서 오는 친구들에게 가르쳐 주었다. 밤에는 어머니를 도와 농사일이나 가사를 거들었다.

날이 갈수록 김구네 서당은 학생들이 점점 불어나 방이 비좁을 정도가 되었다. 어쩔 수 없이 서당을 옆 동네의 신씨 집으로 옮겨야 했다.

김구는 친구들과 점심으로 먹을 밥그릇을 망태기에 담아 등에 지고 고개를 넘어다녔지만 힘든 줄 몰랐다. 오히려 오고 갈 때 배운 것을 외우면서 다녔을 정도로 열심히 공부하였다.

김구는 서당에서 하는 평가에서 항상 일등을 하였다. 그래서 선생님께서는 열심히 노력하는 김구를 각별히 귀여워했다.

"창암아, 너는 앞으로 큰 인물이 될 거야. 앞으로도 지금처럼 더욱 열심히 공부해라."

김구는 선생님의 말씀을 듣고 더욱 분발하였다.

그러나 서당을 만들어 준 신씨는 자신의 아들보다 김구가 공부를 더 잘한다고 예뻐하니까 샘이 났다. 신씨는 훈장이 밥을 많이 먹는다고 동네방네 흉을 보고 다녔다. 그 이유로 훈장을 쫓아낼 심사가 분명했다.

훈장은 김구를 불러 말했다.

"이번 시험에서 알아도 모르는 척해서 신씨의 아들에게 일등을 주어야겠다."

김구는 무슨 말인지 알아듣고 신씨의 아들에게 일등을 주었다.

신씨는 아들이 일등을 하자 크게 기뻐하며 이 생원에게 술과 음식을 차려서 대접하였다.

그러나 다음부터는 김구도 더는 모른다고 할 수 없어서 일등을 하자 신씨는 결국 훈장을 쫓아내 버렸다. 어린 김구는 이제는 다시 신씨를 스승으로 모실 수 없다는 것을 알고 밥도 제대로 먹지 않고 울기만 하였다.

TIP

어린 김구는 양반이 되려면 과거 시험을 보아야 하기에 공부를 해야겠다는 결심을 하였다. 어린 마음의 상처는 결국 공부를 통해서 해결하려고 하였다. 김구는 이처럼 어릴 때부터 양반이 되어야겠다는 뚜렷한 목표가 있었기 때문에 그 목표를 위해서 많은 공부를 하려고 하였다.

05 공부에 대한 목마름

김구의 아버지는 이 생원과 결별 후 상심하는 아들이 딱해서 다시 떠돌이 선생 한 명을 데려와서 공부를 시켰지만 오래가지 못했다. 그러던 중 아버지가 갑자기 뇌졸중에 걸려 전신불수가 되어 자리에 눕게 된 것이다.

아버지가 병상에 눕자 원래 가난했던 김구네 집은 더는 공부를 뒷바라지할 수가 없었다. 그동안 아버지의 후원과 함께 어려운 살림에서 돈을 쪼개 김구를 가르쳤는데, 이제 아버지의 병을 고치기 위해서 약값을 마련해야 했기 때문에 학비를 지원할 수가 없었다.

김구는 아버지의 심부름을 도맡아 하면서 병간호에 정성을 다했다. 그러나 아버지가 드러눕자 원래 가난했던 살림에 약값까지 눈덩이처럼 불어나 살림은 더욱 기울어 갔다. 어머니는 아버지의 병을 어떻게든 고치겠다고 집과 솥을 팔아버리고 아버지를 모시고 여행을 떠났다.

어린 김구를 남겨두고 떠나면서 어머니는 말했다.

"창암아, 이제부터 엄마는 아버지의 병을 고치기 위해 전국의 용한 의원을 찾아다닐 것이다. 그러니 너는 큰아버지 댁에 잠시 있거라. 아버지 병이 다 나으면 찾으러 오마."

어린 김구는 흐르는 눈물을 보이지 않으려고 고개를 끄덕였다.

김구는 큰집의 사촌 형들과 소를 끌고 산과 들로 다니면서 하루를 보냈다.

김구는 다시 공부가 하고 싶어졌다. 그래서 동네 서당의 창문 밖에서 귀동냥으로 공부를 하였는데, 자신의 신세가 한탄스러웠다.

다행스럽게도 어머니는 좋다는 의원을 찾아다닌 결과 아버지가 몸이 좋아져 같이 살 수 있게 되었다.

김구의 부모는 아들이 공부하고 싶어 하는 것을 알고 다시 글방에 다니며 공부할 수 있도록 해주었다. 그러나 집안 형편이 좋지 않아서 공부에 필요한 먹이나 종이는 살 엄두도 내지 못하였다. 더구나 책도 살 수 없었기 때문에 남의 것을 빌려 가며 공부해야 했다.

김구의 어머니는 아들의 학비를 벌기 위해서 틈틈이 낮에는 남의 밭을 매고, 밤에는 옷을 짰다.

김구는 그런 어머니가 고마워서 공부로 꼭 보답해야겠다고 결심하고 더욱 열심히 공부하였다. 김구는 서당에서 한학을 배워 웬만한 책들을 읽고 이해할 수 있었다. 김구의 실력이 나날이 늘어가자 선생님들은 더 가르칠 것이 없다고 두 손을 저었다.

김구가 14세가 되었을 때는 주변에 김구를 가르칠 만한 사람이 없었다.

아버지는 공부하고 싶어 하는 아들의 모습을 지켜보는 것이 가슴 아팠다. 아버지는 고민 끝에 말했다.

"더 이상은 훌륭한 선생님을 모셔오기는 어려우니 여기서 이만큼한 것으로 만족하자. 그리고 이제부터는 큰 공부보다는 쉽게 써먹을 수 있는 공부를 해보거라. 그래서 지금까지 배운 것을 가지고 편지나 축문, 소장 같은 것을 짓는 공부를 해보거라. 그럼 밥은 굶지 않고 살 수 있을 거야."

"네, 알겠습니다."

김구는 공부를 더 할 수 없다는 생각에 가슴이 아팠지만, 계속 아버지를 조를 수 없었다. 김구는 그때부터 생활에 필요한 실용문을 짓는 공부를 시작하였다. 그러나 배우는 것을 써먹는 것으로는 너무 단순했기 때문에 만족하지 못했다.

그러던 어느 날 아버지는 큰어머니의 친척이었던 정문재鄭文哉의

서당에 부탁하여 무료로 통학하면서 글을 배우게 하였다. 정문재는 김구와 마찬가지로 상놈이었지만, 나름대로 이름 난 학자였기 때문에 인근에서 과거 공부하는 선비들은 그를 찾아 모여들었다.

김구는 기쁜 마음에 매일 새벽에 일찍 일어나 밥 망태기를 메고 험한 산길을 십 리나 걸어 글방에 갔다. 어린 김구가 다니기에는 멀고 험난한 길이었지만 공부할 수 있다는 기쁨에 힘든 줄 모르고 열심히 다녔다.

TIP

김구의 공부에 대한 열정은 집안이 어려운 것도 막지를 못했다. 밥 망태기를 메고 험한 산길을 십 리나 걸어 글방에 갔어도 힘든 줄을 몰랐다. 이처럼 김구에게 공부가 즐겁고 행복한 것이 될 수 있었던 것은 공부를 통해서 꿈을 이룰 수 있다는 희망이 있었기 때문이다.

06 과거를 보다

김구는 정문재를 만나 2년간 공부하였다. 정문재는 김구의 아버지를 서당으로 오게 하여 말했다.

"이번에 국가의 경사스러운 일을 축하하기 위해 '경과'라는 과거가 임시로 열리는데, 창암이에게 과거를 보게 하면 어떨까요?"

"우리 아이가 정말 과거를 볼 수 있는 실력은 되는지요?"

"조금만 공부하면 될 것 같습니다."

"그럼 잘 부탁드립니다."

다음 날부터 김구는 과거 공부를 시작하였다. 과거를 보려면 종이에 글을 써야 하기 때문에 아버지는 다섯 장의 종이를 구해다 주었다. 김구는 그 종이들이 빈틈없이 까매지도록 글을 쓰고 또 썼다.

드디어 김구가 17세 때 경과 과거에 응시하였다. 과거 시험날이 가까워지자 김구와 아버지는 과거를 보는 동안 먹을 좁쌀을 지고 정문재 선생과 함께 해주로 갔다. 마침내 과것날이 되어 시험장에 들어가 앉았다. 글은 정문재가 짓고, 쓰기는 김구가 하되, 아버지 이름으로 제출하기로 했다. 이는 자신은 기회가 또 있지만 아버지는 과거에 합격하여 상민의 신분에서 벗어날 수 있는 마지막 기회였기 때문이다.

그러나 당시는 과거 시험 제도가 엉망이어서 양반이나 부자들이 돈을 주고 다른 사람을 들여보내 대신 과거를 보게 하였다. 그뿐만 아니라 이미 과거에 급제할 사람은 돈을 받고 미리 정했기 때문에 시험은 형식적으로 치르는 일이 예사였다. 김구는 시험 부정을 지켜보면서 아무리 공부해 보았자 상놈이 과거에 급제해서 진사가 되기는 어렵다는 것을 비로소 깨달았다.

김구는 분개하면 말했다.

"아버님, 세상이 이 모양인데 공부를 해서 무엇을 하나요?"

"그래, 네 말이 맞다. 공부해서 출세하긴 어려운 것 같다. 그러니 너는 풍수나 관상 공부를 하면 어떻겠니?"

결국, 김구는 관리들의 비리를 보고 분노하여 벼슬길을 단념하게 되었다.

서당 공부를 그만두고 3개월간 집안에서 두문불출하고 관상 공부를 하였다. 김구는 관상을 공부하면서 자신의 얼굴을 보니 좋은 구석이 하나도 없었다. 아무리 뜯어보아도 그냥 천하게 살다가 죽을 인상이었다.

김구는 더는 관상 공부를 하지 않고 외모보다는 마음이 좋은 사람이 되기로 결심하였다. 김구는 이때를 회상하며 자신이 타고난 복은 없지만, 스스로 인생을 개척할 수는 있다는 신념을 가졌다고 한다.

김구는 다시 병서를 빌려 읽었다. 그러면서 한편으로는 집안 아이들을 모아서 가르치기 시작하였다.

TIP

과거 시험을 통해서 양반으로 신분이 상승될 수 있다는 김구의 희망은 산산이 깨져 버렸다. 당시의 과거는 과거 시험 제도가 엉망이어서 돈으로 당락을 결정했기 때문에 시험은 형식적이었다. 김구는 부정부패가 만연한 사회 속에서 공부만 해서는 안 된다는 사실을 인식하고, 공부보다는 사회 참여를 결심하는 계기가 되었다.

그리고 짧은 시기이지만 아이들을 직접 가르치면서 스승으로서의 보람과 가르치는 것에 대한 위대함을 깨달았다. 나중에 김구가 민족의 지도자로서 사람들에게 존경받을 수 있었던 이유 중의 하나가 스승으로서 해야 할 역할을 경험했기 때문이다.

07 동학농민운동에 참여하다

　이 무렵 황해도 일대에는 동학이 번지기 시작하였다. 동학에 대한 여러 가지 나쁜 소문이 많았다. 동학을 믿으면 하늘을 날아다니기도 하고, 물 위를 걸어 다닐 수도 있다는 소문이었다. 김구는 무엇이든 새로운 것에 대해 알고 싶었고, 배우고 싶은 욕망에 동학에 대한 호기심을 가지게 되었다.

　김구는 포동의 동학 교도 오응선을 찾아가 동학에 들어갔다. 오응선은 아직 미혼인 김구를 보고 깍듯이 대했다.

　김구는 황공해서 말했다.

　"저는 아직 어리고 신분이 낮습니다. 그러니 이렇게 하시지 마십시오."

　오응선은 친절하게 말했다.

"동학에는 지체가 높고 낮음이 없습니다. 양반도 상놈도 평등합니다."

김구는 동학에 궁금한 것들을 모두 물었고, 오응선은 답했다.

김구는 지금까지 차별받고 이해할 수 없는 세상을 살다 자신을 이해해 주는 새로운 세상을 만난 것 같아 행복했다.

이어서 오응선은 말했다.

"이제 우리는 새 백성이 되어 새 임금을 모시고 계룡산에 새 나라를 세우게 됩니다."

새로운 세상을 건설할 수 있다는 말에 김구는 완전 감동하고 동학에서 자신이 큰 역할을 하고 싶었다.

김구는 동학에 들어간 후 이름을 김창암金昌巖에서 김창수金昌洙로 개명하고, 포교활동에 전념하였다. 결국, 아버지도 동학 교도가 되었으며, 남들보다 열심히 포교한 결과 수개월 후 그의 휘하 신도 수가 수천 명이 되었다. 그래서 동학 본부에서는 한 지방의 신도 책임자인 접주라는 칭호를 내렸다.

황해도 일대에서 김구는 '아기 접주우두머리'라는 별명을 얻었다. 그를 찾아와 도를 가르쳐 달라고 간청하는 사람도 늘어 갔다. 그러나 한편으로 비방하는 사람들도 많아졌다. 그렇지만 그는 날로 유명해져 18세의 나이로 수백 명의 수하를 거느리는 팔봉 접주로 임명되었으며, 황해도 대표자로 선발되어 충청도 보은에 있던 교주 최시형을 만나기도 하였다.

김구는 최시형을 만나고 황해도로 돌아가는 중 한성에 들렀을 때 전라도 고부에서 접주 전봉준이 중심이 되어 농민들이 부패한 관리들을 쳐부수기 위해 동학농민군이 거병했다는 소식을 접하였다. 이 소식이 전해지자 황해도의 동학 교도들도 운동에 참여하기 시작하였다.

김구는 해주 팔봉에서 거병하여 동학군을 지휘했다. 김구는 총을 가진 포수들을 중심으로 700여 명을 모았다. 마침내 탐관오리와 왜놈들을 잡아 죽인다는 목표로 지도자 최시형의 지시를 받고 황해도 동학군의 선봉장으로 해주성을 습격하였으나 끝내는 관군에게 패배하였다. 당시 김구의 부하는 700여 명이었으나, 전쟁 경험이 없었기 때문에 일본군 부대가 쏘는 총소리에 놀라서 제대로 싸워보지도 못하고 모두 도망쳤다.

전투에서 진 김구는 의욕만으로는 전쟁에서 이길 수 없고, 훈련이 잘되야 한다는 것을 절실히 깨달았다. 이후 그는 동학 교도이거나 아니거나를 구분하지 않고 장교 경험이 있는 사람이면 모셔다가 교관으로 삼았다. 이래서 청년 김구 아래 많은 인재가 모여들었다.

이후 김구의 부대는 조직 내 세력 싸움으로 인해 같은 동학군인

이동엽의 공격을 받게 되었다. 김구는 12월 홍역에 걸려 아픈 와중에 이동엽 부대의 기습 공격으로 패하고 몽금포로 피신해 하은당 스님의 치료를 받으며 3개월간 잠적해 있었다. 그러다 참모인 정덕현의 설득으로 당시 동학을 반대하는 적장이던 안태훈에게 몸을 의탁하게 되었다.

안태훈은 찾아온 김구의 사람 됨됨이에 감탄하여 극진하게 배려하고 그의 부모까지 모셔다가 산채에 함께 살게 했다. 그뿐만 아니라 김구에게 무례하게 대하는 측근들을 혼내기도 하였다.

1895년 초 김구는 안태훈의 거처에서 인생에 큰 가르침을 주는 스승 고능선을 만나게 되었다.

　　　　김구는 사회 변화를 꿈꾸면서 동학에 몸을 담았다. 탁월한 리더십 덕분에 어린 나이였지만 수개월 만에 그의 아래에 신도 수가 수천 명이 되어 '아기 접주우두머리'라는 별명을 얻을 정도로 유능하였다.

　　동학농민운동이 일어나자 해주성을 습격하였으나 끝내는 관군에게 패배하였다. 이 전투로 인하여 김구는 의욕만으로는 전쟁에서 이길 수 없고, 훈련이 잘되어야 한다는 것을 절실히 깨달았다. 여기서 얻은 교훈이 나중에 임시정부를 운영할 때나 광복군을 운영할 때 큰 밑바탕이 되었다.

　　그러나 안타깝게도 적이 아닌 같은 동학당 접주인 이동엽의 습격에 무너졌다. 배반을 경험하고 숨어다니면서 인생에 큰 가르침을 주는 인물들을 만나게 된다.

김구의 청년기

김구의 청년기

　　김구의 청년기는 안태훈의 거처에서 인생에 큰 가르침을 주는 스승을 만나게 되면서 시작하였다. 고능선 선생님께 유학과 의리의 세계관을 배우고, 또한 실패를 겪더라도 그 마음이 변해서는 안 되며, 일이 성취될 때까지 끊임없이 노력해야 한다는 실천 철학을 배우게 된다.

　　21세에는 조선인으로 위장한 일본인 쓰치다를 만나 명성황후 시해사건의 공범이라고 판단하여 칼을 빼앗고 폭행한 뒤 살해했다. 이로 인해서 김구는 사형선고를 받게 된다. 그러나 김구는 좌절하지 않고 감옥에서 글을 가르치며 죄수들의 대변인 역할을 하였다. 사형 집행 당일 운이 좋게 고종이 사형을 보류시켰다. 감옥에서 젊음이 썩는 것이 안타까워 탈옥 후 공주 마곡사의 승려가 되었으나, 적성에 맞지 않아 환속하였다.

　　김구는 나라의 발전을 위해서 계몽 운동이 필요하다고 생각하여 황해도 각지에 학교를 설립하는 등 신교육 운동에 노력하였다. 그러다 국권 회복 운동을 위해 신민회에 가입하여 황해도 총감으로 활동하던 중 1911년 안악사건으로 수감되었다. 김구는 거꾸로 매달려 수도 없이 매를 맞았을 뿐만 아니라, 쇠를 달구어 맨살을 지지는 고문을 받기도 했다. 모진 고문 속에서 김구는 여러 차례 정신을 잃었지만 살려달라고 하거나 비굴하게 행동하지 않았다.

김구는 오히려 고문을 받으면서도 소리쳤다.

"내 목숨을 너희가 빼앗아도 내 정신은 빼앗지 못한다!"

김구는 모진 고문을 당해도 일본 순사들의 말에 따르지 않았다. 철장 안에서 육신이 아파서 괴로워하는 것이 아니라 나라를 더 사랑하지 못한 것을 반성하였다.

김구는 갖은 고생을 하면서 4년 7개월 만에 다시 자유의 몸이 되었다.

1915년 출옥한 후에는 동산평 농장의 농감으로서 농민 계몽 운동을 전개하였다.

01 의병 활동을 하다

김구는 고능선 스승에게 유학과 의리의 세계관을 배우고, 또한 실패를 겪더라도 그 마음이 변해서는 안 되며, 일이 성취될 때까지 끊임없이 노력해야 한다는 실천 철학을 배우게 된다.

그뿐만 아니라 고능선은 청년 김구에게 나라가 제국주의 열강들 때문에 큰 위기에 처해 있음을 말해주었으며, 청나라와 손잡고 왜적을 몰아내야 한다며 청나라로 갈 것을 권하였다.

김구는 고능선의 영향을 받아 20세에는 청나라행을 결심하였다.

김구는 청나라로 가기 전 안태훈에게 들려 그동안 고마움을 표현하고 떠나려고 했다. 그러나 우연하게 안태훈의 사랑채에서 참빗장수인 전라도 남원 출신 김형진을 만났다. 김형진은 전국을 다니다 보니 지리에 대해 해박했다. 그래서 김구는 그와 함께 백두산까지

가기로 하였다. 김구는 김형진을 길동무로 삼아 백두산을 관람하고 만주를 돌아서 북경으로 갈 계획이었다.

김구는 황해도 신천을 떠나 평양 을밀대와 모란봉에서 잠시 휴식하다가 강동, 양덕, 맹산을 거쳐 함경도로 넘어가서 고원, 정평, 함흥에 도착했다.

함흥에 도착해서 함경도의 교육제도가 황해도나 평안도보다 발전된 것에 감탄하였다. 계속해서 백두산을 가려 했으나 위험하다 하여 중단하고 만주 통화通化로 갔다. 거기서 청나라 장교를 만났는데, 중국어를 모르던 김구는 종이에 한자를 써서 대화를 시도하였다. 청나라 장교는 청일전쟁 당시 평양에서 전사한 청나라 장수의 아들로 아버지의 시신을 찾으러 왔다가 실패하고 귀국하는 길이었다.

김구는 일본이 임진왜란 때부터 조선의 불구대천 원수임을 말했다. 그러자 청나라 장교는 자신의 병사들을 지원하겠다고 같이 가자고 했지만, 의병에 가담하기 위해서 의병장 김이언을 찾는 것이 목적이라 정중히 사양하였다.

김구는 압록강 근방에서 의병장 김이언金利彦을 만나 의병단에 가입했다. 김구는 의병단에서 부대가 강계성을 습격할 포수를 모으는 일과 강계성에 들어가 화약을 사 오는 일을 하였다. 김구는 압록강을 건너 화약을 사 오던 길에 얼음이 깨져 동사할 위기에 처했으나 동네 사람들의 구조로 살아나기도 했다.

의병장 김이언은 청나라군의 원조를 받아 강계성의 관군을 공격하려 하였으나 실패해서 김구는 다시 몸을 숨기는 신세가 되었다. 김구는 어쩔 수 없이 다시 신천군으로 되돌아갔다.

TIP

김구는 동학운동에서도 패해 도망 다닌 경험이 있었다. 그런데 김이언을 만나 의병단에 들어가 전투를 치루었으나 또 실패해서 도망 다니는 신세가 되었다. 김구의 넘치는 의욕이 두 번의 도전에서 좌절되었다. 김구는 동학운동이나 의병 활동을 통해 사회의 급격한 변화를 가져오기보다는 계몽을 통해 서서히 변화를 이끄는 방향으로 전환하였다.

02 호랑이에 물려가도
정신만 차리면 산다

　김구가 21세였던 1896년 2월, 다시 청나라로 가려고 길을 떠났다. 평양역에 도착해 보니 관찰사를 비롯해 관리들이 모두 단발을 하고 있었다. 관리들은 길목을 막고 지나가는 행인들을 붙들어 강제로 머리를 깎았다. 단발령을 피하기 위해 백성들은 시골이나 산속으로 숨어들어 가기도 하고 자살한 사람도 있었다. 수천 년 동안 상투를 틀고 살아온 백성들의 관습을 편리하다는 이유 하나만으로 단발을 시키는 처사에 김구는 분노했다.

　안주安州에 도착했을 때, 문득 게시판에서 '단발 정지령'이 내려졌다는 방을 보게 되었고, 삼남 지방에서 의병이 봉기했다는 소식을 들었다. 단발을 부추긴 일본인들의 가옥을 때려 부수고, 일본인을 때려죽이는 등 강력한 반발이 일어났다.

더욱이 일본 낭인들이 명성황후를 시해하여 온 나라가 벌집 쑤셔 놓은 듯했고, 국상 중이라 어수선한 시기였다. 김구는 국내의 정세를 감안해 볼 때 굳이 청나라로 갈 필요를 느끼지 않고 국내에서 항일 운동을 전개하기 위해서 치하포로 떠났다.

용강군에서 안악군 치하포로 배를 타고 건너갈 때가 2월 하순이었다. 겨울에는 강을 떠다니는 빙산이 많았는데, 김구가 탄 배가 빙산에 꼼짝없이 갇히게 되었다. 선객들은 물론 물길에 익숙한 뱃사공까지 당황해 했다.

김구는 이미 치하포에서 이런 사고에 관한 이야기를 들었던 적이 있었다. 해마다 얼음이 얼었다가 풀리는 해빙기가 되면 종종 나루터에서 빙산에 포위되어 물귀신이 된다는 것이었다.

선객들은 무서워서 소리쳤다.

"사람 살려 주세요!"

"하느님! 저희를 구원해 주세요."

"어머니! 살려 주세요."

한순간 배 안에서는 죽음에 대한 두려움이 가득했다.

김구는 우선 냉정하게 살아나갈 방도를 찾아보았다. 빙산에 오래 갇혀 있으면 배 안에는 식량이 없었기 때문에 얼어 죽는 것보다 먼저 굶어 죽을 판이었다.

김구는 말했다.

"뱃일을 사공에게만 맡길 것이 아니라 선객 모두가 일제히 힘을 합해서 빙산을 밀어냅시다."

김구는 몸을 날려 빙산에 올라가서 얼음들이 모여 있는 형세를 살펴보고, 큰 얼음덩이에 의지해서 작은 것을 힘껏 밀어 보았다. 작은 빙산들이 움직이기 시작하였다. 사람들도 합심하여 큰 빙산을 의지하여 작은 빙산을 떠미는 방법으로 배를 빼냈다. 마침내 빙산이 다 떠내려가 배는 원하던 목적지인 치하포에 무사히 도착할 수 있었다.

TIP

치하포에서 빙산에 갇혔을 때 김구는 죽음을 두려워만 해서는 해결 방법이 없다는 것을 깨달았다. 그래서 위험한 순간이었지만 냉정하게 해결 방법을 골똘히 생각했다. 그리고 방법을 찾아냈다. 바로 큰 빙산에 올라가서 작은 빙산을 밀어낼 생각을 했던 것이다.

우리가 위험에 처했을 때 당황하면 해결 방법이 보이지 않을 뿐더러 위기가 더욱 크게 다가오게 된다. 따라서 위기에 처할수록 정신을 바짝 차려야 한다.

03 쓰치다를 살해하다

치하포에 도착하자 김구는 여관을 겸하고 있는 나루터 주인의 집으로 갔다. 풍랑 때문에 여관에 묵는 손님들이 방마다 가득 찼다.

김구는 거기서 조선인으로 위장한 일본인 쓰치다를 보았다. 굳이 일본인이 조선인으로 위장한 것은 평범한 상인이나 기술자가 아니라 명성황후 시해사건의 공범으로 도피 중이기 때문이라고 판단했다. 김구는 일본인이 남의 나라 국모를 해친 것에 대해 용서할 수가 없었다. 한국인으로 변복한 것을 수상히 여긴 그는 국모를 살해한 미우라 고로三浦梧樓이거나 그의 일당으로 단정하였다.

김구는 아침 식사 시간에 밥값을 치르던 중 그를 습격하여 칼을 빼앗아 폭행한 뒤 살해했다.

김구는 그 자리에서 자신이 쓰치다를 살해한 이유를 밝혔다.

"내가 쓰치다를 죽인 것은 쓰치다가 국모를 살해한 군인이므로 명성황후의 원수를 갚기 위한 것이다."

그리고 식당 주인에게 말했다.

"내 거처를 적은 포고문을 길거리 벽에 붙이시오."

이렇게 말하고서 집으로 돌아가 체포되기를 기다렸다.

쓰치다가 소지하고 있던 엽전 800전 중 선주들에게 뱃삯을 떼어 주고 나머지는 식당 주인을 시켜 동리 주민에게 나누어 주게 하였다.

김구는 석달 후 자택에서 체포되었다.

처음 해주 감영에서 일본 경관과 관리들은 김구를 고문하면서 물었다.

"일본인을 살해하고 재물을 강탈한 목적이 무엇이냐?"

김구는 추궁을 당하면서도 감시하는 일본 경관에게 말했다.

"소위 세계 어느 나라 법조문에 통상 화친하는 조약을 맺고서 그 나라 황후를 죽이라고 하였더냐? 이 개 같은 왜놈아! 너희는 어찌하여 감히 우리 국모 폐하를 살해하였느냐? 내가 살아서는 이 몸을 가지고, 죽으면 귀신이 되어서 맹세코 너희 임금을 죽이고 너희 왜놈들을 씨도 없이 다 없애서 우리나라의 치욕을 씻고야 말 것이다!"

김구가 소리 높여 꾸짖자 일본 경관은 두려워서 더는 말을 하지 못하고 사라져 버렸다.

이어서 김구는 관리들을 향해 말하였다.

"나 김구는 산촌에서 천하게 태어났으나 국모께옵서 왜적의 손에 돌아가신 국가의 수치를 당하고서는 맑은 하늘에 밝게 비치는 태양 아래 내 그림자가 부끄러워서 왜구 한 놈을 죽였소. 그러나 아직 우리나라 사람으로서 왜왕을 죽여 국모의 원수를 갚았다는 말은 듣지 못하였다. 이제 보니 당신네가 국모가 돌아가셔서 소복을 입었는데, 국가를 위해 어찌 관리로서의 임무를 잊어버리고 한갓 부귀영화와 임금님의 총애를 도적질하려는 더러운 마음으로 임금을 섬긴단 말이오?"

추궁하던 관리들은 김구가 서슬 퍼렇게 자신들을 꾸짖는 것을 보니 틀린 것이 하나도 없었다. 이후로 관리들은 김구에게 반말을 하지 않고 공경하였다.

김구의 의협심이 가장 잘 나타난 사건이 바로 쓰치다를 살해한 사건이다. 김구는 굳이 일본인이 조선인으로 위장한 것은 평범한 상인이나 기술자가 아니라 명성황후 시해사건의 공범이라고 판단해서 칼을 빼앗고 폭행한 뒤 살해했다. 김구가 쓰치다를 살해한 이유는 오직 남의 나라의 국모를 해친 것에 대해 용서할 수가 없었기 때문이다.

사람들은 자신의 원수도 갚기 어려운데 김구는 국모를 시해했다는 이유만으로 일본 사람을 살해했다. 이것은 바로 의협심이 없이는 절대 이루어질 수 없는 일이다.

더욱이 사람을 죽였기 때문에 붙잡히게 되면 중형을 받을 수 있다는 것도 알 수 있었다. 그런데도 다른 사람들에게 피해를 주지 않기 위해 자신의 거처를 적은 포고문을 길거리 벽에 붙이고, 결국은 체포되었다. 일반인으로는 도저히 상상하기 어려운 용기와 정의로움을 가졌기 때문에 가능한 것이었다.

04 감옥을 학교로 만들다

김구는 감옥 속에서도 자신의 잘못을 인정하지 않고 자신만만하였다. 재판을 지켜본 관리와 백성은 김구를 감옥 안의 호랑이처럼 생각하였다. 김구를 지켜보면서 감동 받은 간수도 있었다. 그 간수는 김구와 친해지기를 바랐으며, 서로 많은 이야기를 주고 받았다.

간수는 세계 여러 나라에 대한 해박한 지식을 가지고 있어서 김구의 호기심을 자극하기 충분하였다. 간수는 유럽과 아메리카의 문명 발달에 대해서 말해주었다. 김구는 외국을 무조건 오랑캐로만 생각했는데 문화를 가진 문명국이었다는 사실에 작지 않은 충격을 받게 되었다.

간수는 감방에 들어간 김구를 위해서 책들을 넣어 주었다. 김구는 간수가 구해준 《대학》, 《세계역사》, 《태서신사》, 《세계지리》를 읽고 작지 않은 충격을 받았다. 김구는 감옥에서 책을 읽으며 개화 사상과 신학문에도 눈을 뜨게 되었다. 김구는 이후 외국이라고 무조건 배척할 것이 아니라 우리가 잘살 길이라면 배워야 한다고 생각을 바꾸게 되었다.

김구는 감옥에서 가장 시급한 일이 백성이 저마다 배우는 일이라는 것을 깨달았다. 그래야만 나라가 부강해지고, 다른 나라와 어깨를 나란히 할 수 있다고 생각하였다.

김구는 감옥에서 죄수들을 가르쳐 보기로 했다. 그러나 죄수들은 자기네 같은 천한 것들이 글을 배워 무엇에 쓰겠나 하면서 시큰둥했다.

김구는 자기에게 면회오는 사람들이 가져온 맛있는 음식을 배우는 죄수들에게 나누어 주었다. 죄수들은 맛있는 것을 얻어먹을 수 있기 때문에 마지못해 배우는 체했다. 그러나 그들은 차차 배우는 것을 즐거워 해갔다. 점차 감옥 이곳저곳에서 글 읽는 소리가 끊이지 않아서 감옥 전체가 학교가 되어 버렸다.

한편 김구는 간수나 죄수들을 위해서 편지나 소장을 대신 써주면서 억울한 일을 해결해 주었다. 김구는 죄수들의 억울한 일을 해결하다 보니 간수들이 돈을 뺏거나 죄수들을 학대하는 일이 없어졌다. 죄수들은 김구에게 소장을 써달라고 줄을 섰다.

마침 〈황성신문〉이 출간되어 나왔을 때 감옥에 있는 김구에 대한 기사와 함께 8월 26일 교수형에 처한다는 기사가 실렸다. 소식을 전해 들은 죄수들은 마치 자신이 교수형을 당하기라도 하듯이 슬퍼했다. 간수들이나 인천 시내의 관리와 유지들도 줄줄이 찾아와 걱정하였다.

김구는 태연하게 말했다.

"너무 슬퍼들 하지 마시오. 나라의 큰 원수를 갚지 못한 것은 가슴 아픈 일이지만, 국모의 원수를 갚겠다는 뜻을 알렸으니 다행이오."

마침내 8월 26일이 되었다. 간수가 김구를 찾았다. 김구는 이제 올 것이 왔다고 생각하면서 모든 것을 포기하였다. 원래 사형은 사형 집행 당일 낮에 집행함이 원칙이었다. 그러나 천만다행으로 그 원칙은 지켜지지 않았다. 그것은 간수들이 김구가 심문 과정에서 조금도 굴하지 않았고, 기개가 넘치던 김구를 사형시켜야 한다는 사실에 마음이 무거워 저녁때까지 시간을 끌고 있었던 것이다.

급히 간수가 와서 말했다.

"당신 이제 살았소. 지금 막 황제께서 김구의 사형을 중지하라는 명령을 내렸소."

고종은 국모를 시해한 일본인을 죽인 김구가 사형선고를 받았다는 것을 늦게 알고서 바로 명령을 내렸다.

운이 좋게도 이때 사용된 연락 수단이 3일전 개통된 한성-제물포 간 행정전화였다. 전화의 개통이 없었더라면 김구 선생을 살리고자 하는 고종의 마음은 사형이 집행된 후에나 전달되었을 것이다.

감옥 안은 기쁜 소식으로 금방 잔치 분위기로 바뀌었다.

사형이 중지되었다는 소문이 밖으로 퍼지자 이를 축하하러 오는 사람들이 줄을 이었다.

TIP

김구는 감옥에 가서도 자기를 계발하는 일을 부단히 하였다. 사람들은 어려운 상황에 놓이게 되면 모든 것을 자포자기하기 쉬운데 김구는 오히려 어려운 상황일수록 의연해졌다. 이러한 의연함은 같은 죄수들이나 간수들에게 귀감이 되었고, 김구를 따르는 계기를 만들어 주었다.

김구는 사형 당일에도 그런 간수들에 의해 사형이 미루어지다 운 좋게 고종의 명령으로 연기되었다. 이후 많은 사람이 자신을 걱정하는 것을 보고 나라와 백성을 위해서 큰일을 해야겠다고 결심하게 되었다.

05 탈옥하다

김구는 사형은 면했지만 계속 감옥에 있어야 했다. 이러한 김구가 딱하다고 생각하여 강화 사람 김주경이 면회 왔다. 김주경은 김구의 인물 됨됨이에 반해 돕고 싶어서 말했다.

"내가 당신의 구명 운동을 해보겠소. 그러니 편히 몸조심하고 잘 계시오."

김주경은 김구의 아버지를 찾아가 돈 200냥을 내놓고 말했다.

"훌륭한 아들을 두셨습니다. 제가 구명 운동을 해보겠습니다."

김구의 아버지는 잘 알지도 못하는 사람이 자기 아들의 구명 운동을 위해 노력하겠다고 했기 때문에 말로만으로도 고마웠다.

김주경은 우선 강화에 가서 재산을 모두 처분해서 돈을 마련했다. 그리고 동료 상인, 객주들과 함께 김구의 구명 운동을 벌이기 시작했다.

김주경은 세력 있는 관리를 찾아다니면서 돈을 쓰기도 하고, 협박을 하면서 김구의 석방 운동을 전개했다. 또한, 정부에 석방을 간청하는 진정서를 내기도 했다. 그러나 모든 사람들이 요리조리 핑계만 대고 선뜻 나서 주지 않았다. 결국, 김구의 구명 운동은 실패하였다.

김주경은 김구에게 편지를 썼다.

"모든 일이 실패했소. 감옥에서 나가는 일은 탈옥뿐인 것 같으오."

감방의 죄수들도 탈옥을 권했다.

김구는 생각했다.

'임금님도 사형 집행을 정지시켜 주고, 김주경 같은 사람은 나의 구명 운동에 힘을 쓰고, 관리나 백성들도 나를 칭찬하는 것을 보면 내가 여기에 있는 것은 오직 왜놈들 때문이다. 그러므로 탈옥을 해도 조금도 나쁜 일이 아니다.'

결국, 그는 탈옥을 결심하였다. 그래서 돈을 구해 간수들에게 술과 고기를 사 주고 안심시킨 후 창살 밑의 땅을 파서 옥 밖으로 나왔다.

김구는 1898년 3월 동료 죄수들과 탈옥에 성공하였다. 감옥에 들어간 지 2년 만에 밖으로 나온 것이다. 그가 탈옥하자 일본 경찰들은 김구 대신 부모를 붙잡아 투옥하였다. 어머니는 곧 풀려났지만, 아버지는 석 달이나 갇혀 있었다.

06 승려가 되다

　감옥에서 탈옥한 후 굶주림을 피하려고 밥을 얻어먹으면서 도망 다녔다. 김구는 반년 정도 수원, 오산, 강경, 전주, 함평, 목포, 담양 등지를 떠돌면서 아는 사람들을 만나면서 도망다녔다.

　1898년 가을께 중이 되려는 공주 출신 이 서방이라는 남자를 따라 공주 마곡사에 도착했다. 이 서방은 김구에게 같이 중이 되자고 제안을 하였다. 김구는 도망 다니는 것도 지쳤기 때문에 중이 되어 세상에서 숨어 버리는 것도 좋다는 생각이 들었다.

　다음 날 김구는 머리를 깎고 출가하여 승려가 되었다. 예전에 동학운동을 하다 몸을 맡긴 하은당이라는 스님을 은사로 모시고 원종 圓宗이라는 법명을 받았다.

　김구는 승려가 되자 매일 불경을 외우는 일과 법당의 허드렛일을 하였다. 물을 긷고, 나무하고, 밥도 짓고, 빨래하는 일을 했다. 김구는 허드렛일을 해본 적이 없었기 때문에 실수를 자주하였다. 그럴 때마다 스승인 하은당과 다른 선임 승려들에게 잔소리를 들었다.

김구는 허드렛일이나 잔소리가 심해서 힘들었지만, 인내해야 한다는 생각에 온갖 고통스러운 일을 묵묵히 견디어 냈다. 그러나 시간이 지날수록 마음이 흔들렸다. 자기의 확고한 결심에 의한 출가도 아니었고, 승려의 길에 뜻도 없었다. 더욱이 승려들과의 마찰은 갈등과 고통을 심화시켰다. 많은 날을 후회하다 마곡사를 떠날 결심을 굳힌 김구는 은사인 하은당에게 말했다.

"금강산에 들어가 더 공부를 해서 훌륭한 중이 되고 싶습니다."

"네 뜻이 그렇다면 떠나거라."

하은당은 여비로 쓸 곡식을 주며 김구를 보내주었다.

김구는 1899년 봄 마곡사를 떠났다. 해주에 도착하여 자신의 생사를 몰라 하던 부모님과 상봉하였다. 부모님은 오랜만에 만난 자식과 기쁨을 나누었다. 김구는 한사코 자신과 떨어질 수 없다는 부모님을 모시고 평양 영천암에서 승려 생활을 하다가 다시 세상으로 나왔다.

07 서당 훈장이 되다

1899년 가을, 김구는 황해도 해주 고향으로 돌아왔다.

동네 사람들은 김구가 사람을 죽이고 감옥을 탈옥했다는 것을 알고는 반겨 주는 사람이 없었다. 김구는 자신이 기껏해야 농사꾼밖에는 될 수 없다고 생각하였다.

작은아버지 김준영은 성실하게 농업에 종사하기를 권했다.

"여기서 농사를 지으면 혼처를 마련해 주겠다."

김구는 며칠 동안 농사를 지으면서 농사가 자신에게 맞지 않는 일이라고 생각하였다.

고민 끝에 김구는 고향을 떠나 강화로 갔다. 자신의 구명 운동에 전 재산을 탕진한 김주경을 찾기 위해서였다. 그러나 김주경은 러시아로 떠나고 없었다.

대신 김주경의 동생을 만났다. 김주경의 동생은 김구에게 말했다.

"형님과 제 아이들의 선생님이 되어 글을 가르치면서 제 형님을 기다리면 어떻겠습니까?"

김구는 김주경의 은혜에 보답하는 차원에서 강화에서 훈장 노릇을 하게 되었다.

처음에는 김주경의 아들과 조카 등 학생이 모두 셋뿐이었다. 하지만 글을 잘 가르친다는 소문이 나자 학생들이 모여들어 채 한 달도 못되어 서른 명까지 늘었다.

김구는 이때 김창수라는 이름으로 살기에는 어렵다는 생각에 김구라고 이름을 바꾸게 되었다.

아이들을 가르치는 동안 아버지가 꿈에 나타난 것을 보고 이상하게 여겨 해주 집으로 향했다. 집에 도착하자마자 어머니는 눈물을 흘리면서 말했다.

"아버지가 위독하시다."

김구는 급히 방으로 들어갔다. 아버지는 몹시 반가워했지만 병은 아주 위독했다.

김구는 자신의 허벅지 살을 베어 피를 내어 입에 넣어 드리는 등 온갖 정성을 다했지만, 그가 온 지 열나흘 만에 숨을 거두었다.

김구는 아버지의 삼년상을 치렀다.

김구가 리더로서 존경을 받을 수 있었던 것 중의 하나가 바로 효심이 지극했기 때문이다. 김구는 아버지가 위독해지자 자신의 허벅지 살을 베어 피를 내어 입에 넣어 드리는 등 온갖 정성을 다했다.

돌아가시고 나서는 아버지의 삼년상을 치렀다. 이를 본 사람들이 김구의 효심을 보고 감탄하여 김구를 더욱 따르게 되었다. 리더가 되기 위해서는 김구처럼 부모님께 효도하는 자세가 필요하다.

08 어렵게 결혼하다

김구는 27세 때 여옥이라는 17세 처녀와 약혼을 했다. 그러나 그 처녀가 병으로 죽자 김구는 충격을 받았다. 그 뒤 김구는 기독교를 믿게 되었으며, 홀로된 장모를 위로하고 전도하였다.

다시 안창호의 누이 안신호와 약혼했으나 곧 파혼하였다.

1903년, 장련의 유지 오인형이 김구의 사람 됨됨이에 반해 땅 20마지기와 과수원을 빌려주면서 나와 살도록 주선하였다. 김구는 그곳에 봉양학교鳳陽學校를 설립하고 교육과 전도 사업에 힘을 기울였다. 김구가 열심히 노력하니 얼마 되지 않아 장연 시내에서 모르는 사람이 없을 정도로 유명해졌다. 이웃에 있던 공립학교에서는 김구의 성실함에 반해 와달라고 제안해 백남훈白南薰에게 학교를 인계하고, 공립학교 교원이 되었다.

| 공립학교 교원 시절 김구(맨 뒷줄 오른쪽 끝)

    여름에는 농상공부 종상위원種桑委員에 임명되었다. 이는 공립학교 교원직과 함께 그가 대한제국에서 맡은 유일한 관직이었다.

    1904년 김구가 28세 때 18세 최준례와 혼인하게 되었다. 최준례는 원래 서울 태생으로 홀어머니 밑에서 지내다가 시집간 언니를 따라 내려와 살고 있었다. 최준례는 김구가 다니던 교회를 다니게 되면서 자연스럽게 친하게 되었고, 결혼을 결심하게 되었다.

    최준례의 어머니는 미리 혼인을 약속한 사람이 있었기에 펄쩍 뛰며 반대했지만, 최준례는 마음을 굽히지 않았다. 최준례의 어머니는 그들이 다니는 교회의 목사에게 결혼을 하지 못하도록 했다.

| 부인 최준례(오른쪽)와 장남 김인(가운데)

김구는 최준례 어머니의 반대가 너무 심하자 그녀와 교회를 피해 최준례를 서울로 가게 했다. 최준례는 서울에 가서 정신여학교에 들어가 신학문을 공부하게 되었다.

결국, 최준례의 어머니는 더 반대할 수 없어서 혼인을 인정하였다.

이런 사이에 김구는 교육자로서 장련 시내에 명성을 더욱 쌓아 나갔다.

그러나 땅을 빌려주었던 오인형이 많은 빚을 지고 죽었다. 김구는 그로부터 빌려 사용하고 있던 땅과 과수원을 유족에게 돌려주어야 했다. 결국, 김구는 다시 어머니를 모시고 해주 읍내로 이사를 했다.

김구는 이상하게 약혼까지 갔다가 파혼한 것이 2번이나 있었다. 그리고 부인이 된 최준례도 미리 혼인을 약속한 사람이 있었지만, 김구와 결혼하게 되었다. 어렵게 결혼하여 부부가 되었지만 김구가 계속 감옥에 가거나 상하이로 갔기 때문에 제대로 같이 살지도 못했다. 그리고 최준례는 젊은 나이에 폐렴에 걸려 세상을 떠나고 말았다. 어린 아들들을 두고 떠난 아내 때문에 김구는 깊은 슬픔에 빠졌었다.

09 계몽 운동에 헌신하다

1905년에 일본은 군대를 힘없는 대한제국의 궁궐까지 들여보내 고종 황제와 대신들을 협박해서 을사늑약을 억지로 맺게 했다. 을사늑약은 우리나라의 외교권을 완전히 박탈하는 조약으로 일본의 식민지가 되는 것을 의미한다.

국민들은 을사늑약에 대해서 분개하였으며, 무효 투쟁을 벌이는 등 국권 회복 운동을 전개하였다. 일본이 을사늑약을 강제로 체결하자 김구는 진남포 예수교회 에버트청년회 총무로서 종교 지도자들과 함께 을사늑약 철회를 주장하는 상소를 결의하고, 대한문 앞에 모여 눈물을 흘리며 하소연을 하고, 종로에서 을사늑약을 반대하는 거리연설을 했다.

그러나 일본군들은 총과 칼로 강제 진압을 하면서 사람들을 체포하였다. 김구와 일행은 돌을 던지며 저항했지만 희생자만 늘어 갔다. 김구는 이러한 방법으로는 효과가 없다는 것을 깨닫고 전국 각지로 흩어져 교육 사업과 계몽 활동에 전념하기로 하였다. 당시 국민은 지식이 없고 애국심이 약했기 때문에 그런 국민으로는 나라를 구하기 힘들었기 때문이다.

김구는 다시 황해도로 내려와 1906년 종산군 서명의숙西明義塾의 교원이 되어 교육 사업에 전념하였다. 3년 후에는 다시 양산학교의 교원이 되었다. 김구는 황해도 전역을 다니면서 이렇게 살아서는 안 되고 공부를 해야 한다고 계몽 운동을 전개하고 다녔다. 그뿐만 아니라 학교를 설립하고 운영하는 방법을 지도하고 다녔다.

1907년에는 국권 회복 운동의 국내 최대 조직이자 비밀결사조직이었던 신민회에 가입하여 신민회 황해도지부 총감總監으로 활동하였다. 이후 재령 보강학교保强學校 학교장에 초빙되어 교장직을 겸임하였다.

김구가 송화군에 갔을 때의 일이다. 사람들을 모아서 청중 연설을 하니 수천 명이 모였다. 백성은 물론이고, 군수도 오고 일본의 관리와 순사들도 모였다. 김구는 고종 황제의 사진을 강단 정면에 모시고 모두 일어나 절을 하게 했다. 그리고 '한국 사람이 일본을 배척하는 이유가 무엇인가?' 라는 주제로 강연을 시작하였다.

"과거 청일·러일전쟁 때만 해도 우리는 일본을 미워하지 않았다. 그러나 그 뒤 일본이 우리나라 주권을 빼앗는 조약을 억지로 맺었기 때문에 우리는 일본을 미워하게 되었다. 그리고 일본 군인들이 민폐를 끼치기 때문에 우리는 그들의 미워하게 되었다."

군중들이 술렁거리자 일본 순사들은 환등회를 해산하고 김구를 경찰서로 끌고 갔다.

이튿날 김구는 1909년 10월 26일 안중근 의사가 하얼빈에서 이토 히로부미를 저격했다는 신문기사를 보았다. 안중근은 청계동 안 진사의 아들이었다. 안 진사의 도움을 받은 적이 있던 김구는 이 사건의 관련된 인물로 체포되어 해주로 압송되었다.

김구는 안중근의 아버지와는 친교가 있었지만 아들인 안중근과는 친교가 없다고 말했다. 결국, 안중근과 직접 관계가 없다는 것을 확인하고 경찰은 그를 석방하였다.

일본이 을사늑약을 강제로 체결하자 김구는 일본의 탄압이 심해졌는데도 불구하고 두려움 없이 을사늑약을 반대하는 거리연설을 했다. 그리고 황해도 곳곳을 다니면서 나라를 되찾기 위해서는 공부해야 한다고 계몽 운동을 전개했다. 그뿐만 아니라 학교를 설립하고 운영하는 방법을 지도했다. 김구의 애국정신을 막을 수 있는 장애물이 없었다. 김구는 한 번 생각하면 무조건 실천하는 저돌적인 리더십을 가진 위인이다.

10 다시 체포되다

1910년 8월, 일본은 드디어 대한제국의 황제를 내몰고 나라를 강제로 빼앗아 버렸다. 이를 전후해서 안창호, 이동녕, 신채호 등 신민회의 많은 회원이 중국이나 시베리아로 망명해 독립 전쟁을 일으킬 준비를 하였다. 국내에 남아 있던 신민회 회원들은 독립운동을 위한 자금을 모으기로 계획을 세우는 비밀 회의를 열었다. 김구는 황해도 대표로 뽑혀 양산학교에서 아이들을 가르치는 한편 독립 자금을 모으기 위해서 맹활약을 하였다.

1910년 12월, 안중근의 사촌 동생인 안명근이 찾아와 말했다.

"저를 좀 도와주십시오. 독립 자금을 내겠다고 해놓고는 내지 않는 안악 부자들이 많습니다. 이놈들을 육혈포로 혼을 내줄 생각인데 선생이 자금 지원을 좀 해주십시오."

김구는 말했다.

"그 자금을 가지고 어떤 일을 할 계획인가요?"

"먼저 동지들을 모아서 황해도 안의 전신과 전화를 모두 끊어 연락을 막은 후 왜적을 죽이는 거지요."

김구는 안명근을 말리며 말했다.

"그 일보다는 우선 시급한 일은 사람들을 간도로 이주시켜 전쟁을 준비하게 하는 것이 좋을 것 같습니다."

안명근은 김구와 생각이 같지 않은 것을 안타까워하면서 말했다.

"선생의 생각도 옳습니다. 그러나 나로서는 왜적 한 놈이라도 죽이지 않고는 견딜 수가 없습니다."

며칠 뒤 안명근이 사리원에서 일본 총독을 암살하려다 체포되었다는 기사가 신문에 났다.

김구는 또 한 명의 인재가 희생당하는 것에 대해 가슴 아파했다.

1911년 1월 5일, 새벽에 갑자기 일본 헌병이 찾아와서 말했다.

"소장님이 선생을 뵙자고 합니다."

일본 헌병은 그를 본부로 데려갔다. 이미 그곳에서 여러 명이 붙잡혀 와 있었다.

소장은 말했다.

"당신들 모두를 체포해서 서울로 보내라는 총독부 경무총감의 명령이오."

김구와 일행은 황해도와 평안도 일대의 애국자들 중 105명이 함께 잡혀 서울로 끌려갔다.

이 사건을 후에 안악사건이라고 하는데, 체포된 애국 인사들은 안명근과의 공모를 자백하라고 모진 고문을 당했다.

김구는 거꾸로 매달려 수도 없이 매를 맞았을 뿐만 아니라, 쇠를 달구어 맨살을 지지기도 했다. 모진 고문 속에서 김구는 여러 차례 정신을 잃었지만 살려달라고 하거나 비굴하게 행동하지 않았다.

김구는 고문을 받으면서도 소리쳤다.

"내 목숨을 너희가 빼앗아도 내 정신은 빼앗지 못한다!"

김구는 모진 고문을 당해도 일본 순사들의 말에 따르지 않았다.

일본 순사들은 고문으로 되지 않기 때문에 회유를 하거나 달래기도 하였다.

결국, 김구는 이 사건으로 17년 형을 받았다. 안명근을 시켜 부자들의 돈을 뺏은 강도죄로 15년, 서간도에 군관학교를 세우려 했다는 보안죄로 2년이었다. 주범 안명근은 종신 징역형을 받았다.

판결이 확정되자 김구는 구치소에서 서대문형무소로 넘어갔다. 김구는 중죄인이였기 때문에 100일 동안 수갑을 차고 지내야 했다. 방은 비좁고, 손목은 아프고, 감방 생활은 괴로웠다. 그러나 서대문

형무소에서 동지들의 얼굴을 매일 대하고 때때로 대화도 주고받을 수 있었던 것이 큰 위안이었다.

김구에게 17년이란 세월은 너무 길었다. 이제 영영 밝은 세상에 나가지 못할 것이라는 생각에 절망적이었지만, 정신적으로는 낙천적으로 살기로 했다.

서대문 형무소에 갇힌 지 7, 8개월이 지나 어머니가 면회 왔다. 아들을 본 어머니가 말했다.

"네가 경기감사가 된 것보다 더 기쁘게 생각한다. 너는 이제 나의 아들이 아니라 이 나라의 아들이다. 네 처와 딸, 그리고 나 세 사람은 잘 있으니 걱정하지 말고 네 몸조심이나 해라."

김구는 어머니 말씀에 아무 대답도 하지 못하고 죄송하기만 했다.

김구는 어머니가 자신과의 면회를 위해서 왜놈 간수에게 굽신거리는 것을 보고 일본에 대한 미움은 더욱 깊어 갔다. 그리고 밝은 세상에 나가 어머니와 우리 민족을 위해 이 땅에서 왜놈들을 모두 쫓아내고 말겠다는 다짐을 하였다.

이때 서대문형무소에서 2년 6개월의 형을 받은 김좌진과 만났다. 김구는 일본의 범죄자로 낙인 찍힌 호적에서 벗어날 생각으로 이름을 김창수에서 김구로 재개명하고 호를 백범이라 정하였다.

TIP

　　김구는 안악사건으로 다시 구속되어 모진 고문을 받았다. 고문이 죽을 만큼 힘들었지만 살려달라고 하거나 비굴하게 행동하지 않았다. 김구는 오히려 고문하는 순사들을 꾸짖는 용감함을 보였다. 일본 순사들은 고문을 아무리 해도 굴복하지 않고 오히려 큰소리를 치는 김구의 기개에 반했다.

　　어떤 고난도 김구가 가진 나라 사랑하는 마음을 굽힐 수 없었다. 오히려 고난이 올수록 김구의 애국심은 깊어만 갔다.

11 석방되어 계몽 운동을 하다

김구가 감옥생활을 시작한 지 1년이 지난 1912년 7월에 일본의 메이지 국왕이 죽자 일본은 사면령을 내렸다. 김구는 형기가 17년에서 5년으로 깎였고 인천감옥으로 옮겨 가게 되었다. 인천감옥에서는 부두 일을 시켰다. 흙 지게를 등에 지고 십여 리를 오르내리다 보니 등이 헐고 발이 부어올랐다. 너무 힘들어 죽는 것이 편하다는 생각이 들 정도였지만, 나중을 위해서 인내해 나갔다.

감옥에 복역 중 갑자기 1915년 8월에 특별 가출옥되었다. 4년 7개월 만에 다시 자유의 몸이 된 것이다.

김구는 안악으로 가서 어머니를 뵈었다.

어머니는 말했다.

"네가 가출옥하기 직전에 둘째 화경이가 병으로 죽었다. 하지만 그 애가 아버지가 걱정하니 알리지 말라고 해서 못했다."

김구는 자신이 감옥에 있는 사이에 사랑하는 딸이 사망했다는 소식을 접하자 가슴이 찢어지게 아팠다.

김구는 아내가 교원으로 있는 안신학교安新學校로 갔다. 아내는 안신학교 교원으로 있으면서 교실 한 칸을 빌려 살고 있었다. 아내는 고생을 심하게 해서 매우 수척해 보였다.

김구는 1917년 2월 양산학교의 주인인 김용진에게 부탁하여 동산평 농장에서 지주를 대신하여 소작인을 지도·감독하는 농감農監이 되었다. 그런데 그 동네는 어른들이 노름에 빠져 지내면서 아이들을 학교에 보내지 않는 분위기였다.

김구는 소작인들의 정신을 계몽하기로 결심하였다.

김구는 노름하는 어른들에게 말했다.

"앞으로 노름을 하고 아이를 학교에 보내지 않는 소작인들에게는 땅을 주지 않겠소. 반대로 부지런한 소작인들에게 많은 땅을 주겠소."

소작인들은 땅을 받기 위해서는 노름을 그만둘 수밖에 없었다.

김구는 학교를 세워 소작인들의 자녀를 학교에 다니게 하였다. 이후 마을에는 노름이 사라졌고, 소작인들이 열심히 일하게 되어 살기 좋은 동네가 되었다.

03

독립운동을 전개하다

독립운동을 전개하다

김구는 1919년 3·1 운동이 일어나자 중국 상하이로 망명하여 대한민국 임시정부에 참여하였다.

문지기를 원했지만 당시 임시정부 요원들은 김구의 인물됨을 알아보고 경무국장, 내무총장, 국무령 등을 역임하였다.

또한, 한인애국단이라는 무장 독립운동 조직을 만들어 이봉창의사의 의거 및 윤봉길 의사의 홍커우공원 의거 등을 지휘하여 임시정부의 위대함을 중국 정부가 인정하게 되었다.

1940년, 김구는 중국 국민당 정부에 자금 지원을 요청하여 임시정부 최초의 정식 군대인 대한민국 광복군을 조직하였다. 1944년 임시정부 주석으로 취임하였다. 김구는 여러 갈래로 갈라져 있던 독립운동 단체를 엮기 위해 이승만과 연락을 취해서 협력을 요청했다. 그러나 공산당원에게 총격을 받아 사경을 헤매기도 하였다.

김구는 광복군 단독으로 움직이는 것에 한계를 느껴 미국에 체류 중이던 이승만에게 수시로 연락하여 한국 광복군과 미국 육군, 공군과의 OSS 합동 작전을 하기로 결정하였다. 그러나 실행에 옮기기도 전에 일본이 항복해 버려 결국 외국의 힘으로 해방을 맞게 되었다.

01 상하이 임시정부에 참여하다

1918년 상하이에서 여운형을 당수로 하여 조직된 신한청년당이 조직되었고, 김구는 여기에 참여하였다.

1919년 3·1 운동 직후 김구는 국내에서 계몽 운동을 하는 것보다는 외국에 나가서 일본 제국주의와 본격적으로 투쟁을 해야겠다고 결심하였다. 김구는 바로 경의선 열차편을 타고 압록강을 건너 1919년 4월 중순경 상하이에 도착하였다. 44세의 나이에 상하이에서 오랜 망명 생활이 시작되었다. 상하이에는 각 곳에서 모여든 독립운동가들이 있었다. 그들과 임시 의정원 회의를 열고 대한민국 임시정부를 세우기로 했다. 김구는 황해도 대표로 참여했다.

임시정부는 국무총리를 수장으로 해서 내무·외무·법무 등 각 부처를 두었다. 초대 국무총리로는 이승만이 뽑혔으나 미국에서 오지 않아 안창호가 내무총장 일을 보면서 국무총리를 하였다.

1919년 9월 김구는 내무총장 안창호를 찾아가 말했다.

"안 총장님, 소원이 있습니다. 제가 임시정부의 문지기가 되고 싶습니다."

"문지기가 무슨 뜻이요?"

"내 일찍이 감옥에서 매일 쓸고 닦는 일을 했는데 이제 임시정부 마당을 쓸고 닦게 해달라는 겁니다."

안창호는 물었다.

"그런데 왜 문지기가 되려 하오?"

김구는 주저하지 않고 말했다.

"내가 일찍이 본국에서 교육 사업을 할 때 나 자신의 실력을 알아보기 위하여 일본 헌병 보조원 시험 문제를 얻어 가지고 남모르게 나 혼자 한 문제 한 문제 풀어보았소. 그런데 시험 치른 답안이 그만 낙제되었지요. 그래서 저는 순사 자격도 안 된다고 생각합니다. 그리고 서대문감옥에서 옥살이 할 때 후일 만일 독립 정부가 조직되면 정부의 뜰을 쓸고 문을 지키기로 마음먹은 적이 있기 때문입니다."

안창호는 김구의 사람 됨됨이를 알고 있었기 때문에 그가 큰일을 할 수 있도록 경무국장警務局長에 천거하였다. 임정의 간부들은 한결같이 당연한 일이라고 찬성하였다.

| 1919년 9월 17일, 제6차 임시의정원 폐원식 기념 사진

　김구는 생각보다 중요한 직책을 받게 되자 당황했다. 곧바로 자신의 학식이 낮음을 이유로 경무국장직에 대한 사의를 표했다. 안창호는 말했다.

　"거절하면 젊은 사람들 아래에서 일하기 싫다는 것으로 간주하겠다."

　김구는 어쩔 수 없이 임명을 받아들였다.

　결국, 김구는 임정 내무부 경무국장에 취임하여 정보 및 감찰, 경찰 업무를 담당하였고, 일제의 밀정 검거 활동을 하였다. 경무국장 자리는 경찰, 판사, 검사에다 형무관까지 맡아야 하는 중요한 자리였다. 그리고 독립운동가가 일본에 항복하는 것을 막는 일까지 담당하였다.

김구는 경호부장으로 여순근을 임명하고 한인 청년들을 고용하여 경찰, 정보감찰 업무, 밀정 색출 업무를 분담시켰다. 동시에 재판소가 없는 임시정부에서 재판장으로서 재판을 행사하였다.

1920년 국무총리 이동휘로부터 공산주의 혁명에 참가하자는 제안이 들어왔다. 그러나 김구는 제3국 공산당의 지시를 받는다는 것을 들어 거절하였다.

일본 영사관 경찰들은 임정 요인 검거에 큰 방해자인 경무국장 김구를 사살하려 했다. 일본 경찰은 첩자를 보내서 사살하려고 했지만, 첩자들이 자발적으로 김구에게 이실직고하고 용서를 빌었다. 김구는 첩자들을 훈계하고 추방하였다. 이후에도 일본 영사관은 김구를 암살하기 위한 시도를 여러 차례 하였다. 그때마다 김구는 첩자들을 체포하여 처형했다.

| **경무국장 시절 김구**(1920년)

김구가 임시정부 경무국장으로 일한 지 1년이 지나자 아내가 맏아

들 인을 안고 상하이로 오고, 그로부터 2년 뒤에는 어머니마저 왔다. 그는 오랜만에 한국에서도 못해 보았던 단란한 가정을 꾸밀 수가 있었다.

김구는 경무국장에서 지금의 내무부 장관인 내무총장이 되었다. 그때 차남 김신金信이 출생하였다. 그러나 안타깝게도 아내가 폐렴에 걸려 세상을 떠나고 말았다. 임시정부에서는 아내 최준례가 내조를 잘해준 것에 대한 감사의 표시로 성대하게 장례식을 치러 주었다.

어머니는 둘째 아들 신을 데리고 귀국하면서 말했다.

"나랏일만 해야 하는 네가 집안일에 신경 써서는 안 된다. 나와 신이는 본국으로 가서 살 테니 너는 나랏일에만 신경을 써라."

김구는 슬픔에 빠져 있다가 어머니의 말씀에 정신을 바짝 차렸다.

TIP 　김구는 상하이로 망명해 임시정부에 참여했다. 안창호는 김구가 큰일을 할 수 있도록 경무국장직을 주었다. 김구는 이후 임시정부에서 정보 및 감찰, 경찰 업무를 담당하였다. 김구는 자신이 능력을 최대한 발휘하여 온 힘을 다했다. 일본 영사관은 김구가 큰 걸림돌이 되자 암살하기 위한 시도를 여러 차례 하였다. 그러나 그때마다 김구는 첩자들을 체포하여 처형했다.

02 자금난에 시달리던 임시정부

1920년대 후반 임시정부는 심각한 자금난에 시달렸다. 당시 임시정부는 일본 경찰의 감시와 침투를 피해 프랑스 조계프랑스대사관 관할구역와 영국 조계, 중국 국민당의 영향력이 미치는 곳의 건물에 월세를 주고 입주했다. 그러나 청사 임대료 30원을 내지 못해 건물주, 토지주로부터 고발당하였다.

그뿐만 아니라 청사의 각부 직원들의 월급도 제때 주지 못하였다. 일부 직원들은 임정을 떠나거나 임정을 상대로 소송을 제기하기도 했고, 경무국에서 일하던 청년들은 뿔뿔이 흩어졌다.

임시정부에 돈을 보내던 사람들이 경찰의 탄압이 많아지자 돈을 보낼 수 없게 되었기 때문이었다. 김구가 이승만에게 보낸 편지를 보면, 임시정부의 직원들이 추운 겨울에 털옷조차 입지 못하고 있으니 자금을 지원해 달라고 사정할 정도였다. 이승만은 자신도 처지가 어렵다고 거절하면서도 자금의 일부를 임시정부에 꾸준히 송금하였다.

결국, 김구는 임시정부 운영 자금을 재중국 한국인 교민 단체와 교포들의 자발적인 성금과 모금에 의존했다. 직원들이 흩어지면서 일부는 생계를 위해 다른 곳에 취직했다.

자금을 모을 인력이 부족해지자 김구는 직접 임정 직원들과 함께 성금과 자금을 모으러 다녔다. 이재에 밝지 못했고

| 1930년대 초의 김구

장사 수완이 부족했던 김구는 사업이나 장사에 종사할 수도 없었다. 그러다 보니 처음에는 열정만 가지고 독립운동에 참여했던 사람들도 고생만 하다 보니 하나둘씩 떠나기 시작했다.

게다가 법을 고쳐 대통령제를 만들고 초대 대통령으로 이승만이 뽑혔지만, 임시정부에는 나타나지 않고 오히려 독립운동가들을 분열시키기만 하였다. 임시정부에서는 권력을 차지하기 위한 내분이 일어나서 서로 다투기도 하고 죽기도 하였다.

임시정부는 매우 혼란한 상태가 되어 새로운 돌파구가 필요했다. 결국 임시정부 요원들은 다시 법을 고쳐 정부의 수장을 국무령으로

하고 김구를 뽑았다. 국무령이 된 김구는 모든 권한과 책임을 국무위원이 똑같이 지는 국무위원 제도를 고치고 대표인 주석 자리에 앉았다.

TIP

　　　임시정부에 돈을 보내던 사람들이 경찰의 탄압으로 돈을 보낼 수 없게 되자, 임시정부의 재정은 점점 어려워졌다. 직원들은 하나둘 떠나고, 추위에 업무를 제대로 볼 수 없을 지경까지 이르렀다. 그런 가운데서도 임시정부 내부에서는 권력을 차지하기 위해 내분이 일어나서 서로 다투기도 하고 죽기도 하였다. 그러나 김구의 자주독립에 대한 열정은 포기하지 않았다. 오히려 그는 고난 속에서도 자주독립에 대한 열정은 더욱 굳어만 갔다.

03 이봉창 의사의
일본 국왕 살해 미수 사건

 엎친 데 덮친 격으로 이 무렵 중국과 만주에서는 독립운동이 더욱 어려운 처지에 놓여 있었다. 일본은 한국 사람과 중국 사람들이 서로 미워하게 하려고 양쪽을 충동질해서 만보산 사건*을 일으켰다. 이후 중국인들과 한국인들은 서로에게 나쁜 감정을 갖게 되었다. 그리고 일본은 만주에 만주국이라는 꼭두각시 나라를 세워 만주를 발판으로 싸우던 독립군들이 활동할 곳이 없어지게 되었다. 김구는 민족의 사기를 높이고, 중국인으로부터 신뢰를 찾을 방법을 찾아야 했다.

 1931년에는 임시정부 내에 일본 정부 요인 암살을 목적으로 하는 한인애국단을 결성하였다. 한인애국단은 일본의 중요 인물을 죽이

---

* 만보산 사건 : 중국 지린성 만보산 지역에서 일제의 술책으로 조선인 농민과 중국 농민이 벌인 유혈 충돌한 사건

거나 기관을 파괴해서 침체된 독립운동에 활기를 불어넣고, 중국인의 신뢰를 찾자는 것이었다.

김구는 홍보를 통해 청년 단원을 모집하였다. 1931년 말 일본어에 능한 이봉창李奉昌이 찾아왔다.

"저는 이봉창이라고 합니다. 저는 일본에서 노동을 하고 있는데 독립운동을 하고 싶어서 찾아 왔습니다. 저 같은 노동자도 독립운동을 할 수 있을까요?"

김구는 말했다.

"독립운동에는 직업에 귀천이 없습니다."

"저는 일본 왕도 죽일 수 있습니다."

"일거리를 찾아볼 테니 며칠만 기다려 봐요."

처음에는 일본어를 잘 구사하는 이봉창을 의심하였으나 같이 지내면서 점점 신뢰하게 되었다. 김구는 이봉창이 묵던 숙소로 찾아 갔다. 김구는 말했다.

"나와 손잡고 나라를 위해서 큰일을 합시다."

김구는 일본 국왕 히로히토가 도쿄 교외에서 관병식觀兵式에 참가한다는 정보를 입수하고 자금과 폭탄 2개를 준비하였다.

김구는 이봉창을 여관으로 불러 말했다.

"이제 모든 것이 다 준비되었소. 이제 남은 일은 동지가 일본의 왕을 죽이는 일뿐이오."

이봉창은 자신에게 큰 일을 맡긴 김구에게 감사를 표했다.

일본으로 떠나기 전날에는 태극기를 가슴에 달고 김구와 기념 촬영까지 했다.

일본에 무사히 도착한 이봉창은 1932년 1월 8일, 일왕 히로히토가 신년 행사에 참석한다는 정보를 입수하고, 지나가는 길목을 지키고 있다가 폭탄을 던질 계획이었다.

하지만 이봉창은 행사 당일 일왕 행렬을 향해 수류탄을 투척하였으나 미수에 그쳤다.

| 이봉창 의사

이 사건은 미수로 끝났지만 하와이나 미국 각지에 있던 동포들로부터 장한 일이라고 격려를 받으면서 임정으로 여기저기에서 자금을 보내기 시작하였다. 은근히 한국 사람들을 싫어하던 중국인들도 한국인에 대해서 다시 보게 되고 친근함을 표현하기 시작했다.

한편 2월 12일에는 중국인 잠수부들을 고용하여 상하이 주둔 일본군사령부의 신형 잠수정 이즈모호出雲互 폭파 계획을 세웠으나 배 밑에 폭탄을 장착하는 과정에서 머뭇거리다가 발각되어 실패하였다.

04 윤봉길 의사와의 만남

김구는 새로운 암살 계획을 세우고, 그에 맞는 인물을 찾기 시작하였다.

그때 윤봉길이 찾아왔다. 윤봉길은 충남 덕산이 고향으로 상하이에 와서 채소 장사를 하면서 가끔 김구를 찾아와 지도를 받고 있었다.

윤봉길은 한인애국단에 바로 입단 의사를 표현했다.

"선생님, 저도 이번 이봉창 의사처럼 저도 조국의 독립을 위해 목숨을 바치고 싶습니다."

"윤 동지, 마침 당신과 같은 인물을 구하던 중입니다. 잘되었네요."

윤봉길은 자신을 알아준 김구가 고마웠다.

"선생님, 고맙습니다."

3월 3일 윤봉길을 상하이로 파견하여 상하이 홍커우공원 부두 근처 비행장 격납고 폭파 계획을 세웠다. 김구는 거사를 위해서 준비를 시작하였다. 먼저 중화민국 정부 요인인 왕백수, 진과부 등과 중국군에 복무하던 김홍일의 도움으로 폭탄을 입수하였다. 그러나 상하이 사변에서 중화민국이 패전하여 비행장 접근이 어려워 실패하였다.

김구는 다시 계획을 세우기로 했다.

드디어 4월 29일 홍커우공원에서 천장절_{일왕의 생일} 기념식 및 상하이 사변 전승 축하연이 있다는 정보를 입수하였다.

김구는 윤봉길에게 일을 맡겼다.

"일본의 잔치와 같은 날 왜놈들을 혼내주는 것이 좋다고 생각하는데 어떻겠소?"

"예, 제가 하겠습니다."

김구는 폭탄을 만들고 윤봉길에게는 새 양복을 사입혔다. 그리고 홍커우공원도 미리 가서 익혔다.

마침내 4월 29일, 김구는 윤봉길을 초대해 아침을 같이 하였다. 식사가 끝나자 윤봉길은 자기 시계를 꺼내 김구에게 주며 말했다.

"앞으로 한 시간 뒤면 시계가 쓸모가 없으니 가지세요."

그리고 그가 가졌던 돈을 꺼내어 김구에게 주고서 바로 떠났다.

| 윤봉길 의사 | 1932년 4월 윤봉길과 함께

김구는 어두운 목소리로 말했다.

"후일 지하에서 만납시다."

윤봉길은 훙커우공원에서 식이 진행되는 도중 무대 앞에 폭탄을 던졌다.

윤봉길의 의거로 시라카와 요시노리 대장, 일본 거류민단 단장 가와바다는 즉사하고, 시게미쓰 대사, 노무라 중장 등 문무 대관 등이 크게 다쳤다. 윤봉길 의사는 미처 자결하지 못하고 "대한 독립만세!"를 외치면서 일본 헌병에 끌려갔다.

이 사건 이후 윤봉길과 조금이라도 관련이 있는 사람은 모두 잡아들였다.

당시 상하이의 기독교 청년회 간사로 있던 미국인 선교사 페이스가 한국인들의 독립운동을 돕고 있었다. 김구는 일행과 함께 페이스의 집에 찾아가 도움을 요청했다.

"지금 상황이 좋지 않으니 좀 숨겨 주세요."

"알겠습니다. 내가 할 수 있는 일은 해야지요."

피치는 자기 집 2층에 김구와 일행을 숨겨 주었다.

김구는 이 집에 숨어서 바깥 동정을 살피고, 잡혀간 동지들의 뒷바라지를 하였다.

중화민국 정부는 윤봉길 의사의 의거를 높이 평가하여 김구에게 생활비와 공작 활동비를 제공해 주었다. 또한, 일본의 만주사변을 규탄한 뒤 국제연맹에 일본을 제소했고, 국제연맹은 만주에 진상 조사단을 파견키로 했다.

05 자싱嘉興으로 피신하다

　시간이 지날수록 일본이 한국 사람들을 잡아가고 괴롭히는 것이 심해지자 동포들은 생업에 종사할 수 없었다. 김구는 더 볼 수 없어서 자신이 모든 책임을 지겠다고 하고 성명서를 써서 여러 신문사에 보냈다.

　결국 상하이 각 신문에 홍커우공원 폭탄 의거의 주모자가 김구인 것으로 발표되었다. 이로 인해 중국인들은 자신들도 못한 일을 실행한 한국인들을 대단하게 보게 되었다. 중국의 유력한 인물들은 김구를 만나려고 했으며, 임시정부를 지원하는 자금이 여기저기서 몰려들었다.

　일본 경찰은 김구를 잡거나 죽이는 자에게 20만 원을 준다고 현상금을 내걸었다. 당시 20만 원은 집 몇 채를 살 수 있는 돈이었다.

이후로 소식이 없자 일본은 현상금을 60만 원으로 올렸다.

김구가 20일 정도 피치 집에서 숨어 있는 것이 발각되어 일본 경찰이 포위를 하였다. 김구는 서양 사람으로 변장해서 피치 부인과 부부 행세를 하고, 피치가 운전사로 위장하여 차를 몰아 그 집에서 탈출하였다. 김구는 기차를 타고 저장성의 자싱嘉興으로 갔다.

김구는 자싱에 도착해서도 일본 경찰에게 추격당하였다. 그래서 김구는 일본의 감시를 피해 배를 타고 운하를 오르내리면서 중국의 농촌 실정을 살폈다. 이때 김구가 타고 다니던 배의 사공이 주애보라는 중국 여자였다. 김구는 주변의 권유에 의해서 주애보라는 처녀 뱃사공과 위장 결혼하여 배에 살면서 일본 경찰을 피해 다녔다.

김구는 위기를 모면하고 대한민국 임시정부를 자싱으로 옮겼다.

1933년 8월, 김구는 중국 국민당의 주석 장제스와 회담했다. 이 회담에서 장제스는 뤄양洛陽의 군관학교 분교를 한국 젊은이들을 군사 간부를 양성하는 데 쓰도록 해주겠다고 약속했다. 바로 낙양군관학교에 한인 훈련반을 설치하고 한국인 92명을 입교시켜 훈련에 들어갔다. 이듬해 2월, 중국 중앙육군군관학교 뤄양분교洛陽分校에도 한인 특별반을 설치하였다.

김구는 이 일을 하려고 1년 남짓한 자싱에서의 피신 생활을 끝내고 중국 정부가 있는 난징으로 왔다. 집을 얻은 다음에는 주애보도

난징으로 데려왔다. 어쩌다 호
구조사라도 나오면 난징 말을
잘하는 주애보가 필요했기 때
문이었다.

주애보는 5년 동안 자싱과
난징 시절의 가장 중요한 동지
였다. 그러나 중일전쟁이 일어
나 일본의 폭격이 심해지자 피
난을 가지 않을 수 없었다. 그
래서 주애보를 잠시 고향으로
돌려보냈다. 이것이 두 사람의
영원한 헤어짐이었다.

| 중화민국 총통 장제스

김구는 주애보 덕분에 안전하게 숨어 지낼 수 있었다. 주애보와
인연이 5년이 넘었으면서도 헤어짐은 순간이었다. 나중에 김구는
주애보에게 더욱 잘해주지 못한 것에 대해서 후회를 하였다.

06 옥관빈 암살하다

옥관빈은 임시정부 창립 초기의 멤버였으나, 뜻이 맞지 않아서 임시정부를 이탈하여 어느 정도 거리를 두던 인물이다. 옥관빈은 상하이에서 유명 인사로 알려져 있었다. 더욱이 수백 명이 일하는 제약회사를 운영하고 있고, 많은 돈을 써서 신문사를 포섭하여 상하이의 고급 관리는 물론 재계와 종교 단체까지 영향력을 행사하고 있었다.

호화로운 저택과 고급 승용차에 거만한 언동 등 그의 위세는 너무나 당당했다. 옥관빈은 인성학교에 돈을 주고 우리나라 신문을 이용하여 자기를 과대 선전하고 독립운동가를 비방하기 시작했다.

평소에도 독립운동가를 멸시하는 언행을 많이 했다.

"독립운동 한다고 떠돌아다니는 사람들은 전부 먹고살 길도 없고 무식한 사람들이야. 그래서 내가 쌀가마니를 나눠주고 돈 몇 푼 던져주면 모두 내 밑에 와서 아부나 할 사람들이다."

임정에서 탈퇴한 뒤로 옥관빈은 흥사단 활동 등 일부를 빼고는 독립운동에 소극적이었고, 때로는 일본 기업인들과도 교류를 했다. 더구나 옥관빈의 형 한 명은 상하이 프랑스 조계에서 형사로 취직하기도 했다.

이러한 사실은 김구나 임시정부, 의열단, 아나키스트들의 귀에도 그대로 들어갔다.

어느 날 이를 보다 못한 김구가 흑색 공포단을 조직해 직접적인 무력 항일 투쟁을 하던 정화암을 찾아갔다. 김구는 정화암에게 옥관빈을 죽이자고 제의하였다.

"독립운동가들을 모욕한 그 언동만으로도 용서할 수 없으니 죽여야 합니다."

정화암은 김구의 제안에 동의하였다. 김구는 정화암, 안공근과 계획을 세우고, 이어 옥관빈 암살을 지원하였다. 결국, 옥관빈은 그해 8월 1일 프랑스 조계에 살던 다른 흥사단원의 처를 만나 몰래 간통하고 나오던 길에 남화한인청년연맹 엄형순 등의 총격을 받고 사망했다.

07 중일전쟁이 일어나다

1930년대 중반부터 중국 국민당 정부는 한국인 지도자들에게 단체 통합을 주문하였다. 너무 많은 단체로 나누어져서 서로 경쟁하듯이 활동하다 보니 중국 국민당 정부는 혼란스러웠기 때문이다. 그러나 한국인 지도자들은 의견 대립으로 통합된 단체를 만들지 못하였다.

1935년 5월, 임시정부도 해산해서 새로운 통합 단체가 나와야 한다고 거론되자 김구는 임시정부를 해산해서는 안 되는 이유를 적어 〈임시의정원 제공 경고문〉을 발표했다.

7월에는 조소앙·김두봉 등은 자신들이 운영하던 한국독립당의 해체를 선언하며, 대한민국 임시정부도 해체하여 단일 신당 결성을 하자고 주장하였다. 이러한 가운데 10월, 김구는 자싱 남호의 선상에서 열린 임시의정원 비상회의에서 국무위원으로 보선되었다가 나중에는 외무부장에 선출되었다. 김구는 난징 중앙정부와의 관계가 좋아지고 중국 내 명망이 높아짐에 따라 중국 국민당 정부와 더욱 긴밀한 협조 관계를 가질 수 있었다. 점차 임시정부를 중심으로 하나의 통합 단체를 만들려고 노력하였다.

11월에는 임시정부를 옹호하기 위하여 임시정부의 여당격인 한국국민당을 창당하였다. 그리고 김구는 곧 한국국민당 이사장에 추대되었다. 이후 유명무실화된 임시정부에 대한 해산 주장이 일부 독립운동가들 중심으로 다시 제기되자, 김구는 이에 반대하고 임시정부를 계속 유지해 나갈 것을 발표하였다.

1937년, 김구는 비교적 안락한 생활을 누릴 수 있었다. 조선총독부가 김구를 정탐해서 일본의 정보기관에 전달한 보고 사항을 보면, 김구는 자신의 자동차를 갖고 있었으며, 국민당 정권으로부터 재정 지원을 받고 있었다고 되어 있다. 이런 내용으로 보아 이전보다는 안정된 상태임을 알 수 있다.

1937년 7월 7일, 마침내 일본군은 대대적으로 중국을 침략하기 시작했다. 중국은 전쟁을 막아 보려고 했지만 일본은 무조건 침략 전쟁을 일으켰다. 중국은 더는 참을 수가 없었기 때문에 전면적으로 싸울 것을 선언하게 되었다. 그러나 이미 전쟁 준비를 충분히 한 일본의 비행기와 대포 앞에서 중국군들은 제대로 싸우지도 못하고 도망갔다.

1937년 7월 10일, 김구는 중화민국 정부의 초청으로 피서지이자 중국 고관들의 회의 장소인 난징 서쪽의 루산蘆山에 초대되었다. 중화민국 정부 측 대표자는 일본을 이기기 위해서는 중국 정부와 임시정부가 통일 전선을 결성해야 한다고 설득하였다. 김구는 힘을 합치겠다는 약속을 하였다. 귀환하기 전 중국 정부 대표자로부터 약속을 완수하는 데 필요한 거액의 자금을 지원받았다.

08 저격당하다

　김구는 여러 갈래로 갈라져 있던 독립운동 단체를 하나로 엮기 위해 이승만과 연락을 취해서 협력을 요청했다.

　1937년 8월, 김구와 이승만이 이끄는 단체와 다른 단체 등과 공동으로 힘을 합쳐 중일전쟁에 적극 대응하기 위하여 한국 광복운동 단체연합회 선언문을 발표했다. 그동안 독립운동 단체들 간에 서로 갈등이 있었던 것을 해소하고 중일전쟁을 계기로 힘을 합쳐야 했던 것이다. 이후 김구는 한국독립당의 무력 조직인 한국독립당군의 조직을 준비하였다.

　1938년 5월, 광복 전선의 동지들과 회의를 하던 중 갑자기 괴한이 달려들면서 권총을 난사하였다. 그는 조선혁명당 당원 이운한으로 일본의 사주를 받은 배신자였다. 이운한은 그 자리에서 체포되었지만, 이 총격으로 현익철은 현장에서 즉사하고 유동렬, 지청천 등은 중상을 입었다. 김구도 심장 옆에 총탄을 맞고 쓰러져 과다 출혈을 하고 있었다. 연락을 받고 온 의사는 말했다.

"피를 너무 많이 흘려 가망이 없습니다."

의사는 가망이 없다고 생각하여 김구가 죽기를 기다렸다. 그러나 김구는 4시간이나 방치되어 있었어도 죽지 않았다. 그제야 판단이 잘못되었다는 것을 알고 병원으로 급히 옮겨 응급처치를 하고 깨어날 수 있었다.

김구는 깨어나자마자 물었다.

"여기가 어딘가? 내가 왜 여기 누워 있지?"

김구는 자신이 총을 맞은 사실을 몰랐던 것이다. 동족이 김구를 저격했다는 것이 너무 창피하여 아무도 사실을 알려주지 않았기 때문이다. 결국, 김구는 자기가 왜 누워 있게 되었는지, 누가 총을 쐈는지를 한 달이 지나서야 알게 되었다.

김구는 총을 맞았지만 타고난 건강한 체력 덕분에 깨어날 수 있었다. 하지만 이후 가슴에 남아 있는 총알 때문에 평생 거동의 불편을 느끼며 살게 되었다.

1939년 1월 중화민국 장제스 정권의 허락을 얻어 한국독립당의 당군*을 설립하였다. 한국독립당군은 뒤에 한국광복군으로 개편된다.

---

* 당군(黨軍) : 국가가 아니고 정당에 의하여 조직되어 정당에 충성을 맹세한 군대

1939년 4월, 모친 곽낙원 여사가 중국의 풍토병인 인후증과 폐렴 등의 합병증으로 82세의 나이로 사망하였다.

어머니는 숨을 거두면서 마지막으로 말했다.

"내가 우리나라의 독립을 보지 못하고 죽는 것이 원통하구나."

김구의 모친은 아들이 젊은 나이에 일본군 타살 사건으로 체포된 뒤 계속된 구속에도 아들을 신뢰하였고, 아들 때문에 어려운 상황이 되어도 후회하지 않았다. 아들이 독립운동에 참여한 뒤에도 늘 정신적으로 후원해 주었다. 아들이 나태하거나 나약해 졌을 때마다 정신을 차릴 수 있도록 훈계를 아끼지 않아 엄하면서도 자상한 어머니의 역할을 하였다.

어머니는 사망하면서 자신과 며느리의 유해를 반드시 고국으로 데려가라는 유언을 남겼다. 이에 김구는 노가산 공동묘지에 매장하였다가 광복 뒤 서울로 운구하여 이장하였다.

1939년 말 김구는 충칭에서 각 단체의 통합을 추진하였지만 실패하였다. 이승만은 공산주의자들과 단합하는 것을 극도로 반대했고, 민족혁명당에서는 각 단체들의 연합 단체 구성에는 찬동하지만, 기존의 조직을 해체하여 하나의 당을 만드는 데는 찬성하지 않았기 때문이다.

09 임시정부 주석이 되다

1940년 3월, 그동안 임시정부 주석이었던 이동녕이 병으로 사망하자 김구가 임시정부 국무위원회에서 주석에 선출되었다. 그리고 구미외교위원부를 다시 승인하고 이승만을 구미외교위원장으로 임명했다.

김구는 중국 국민당 정부에 자금 지원을 요청하여 임시정부 최초의 정식 군대인 대한민국 광복군을 조직하였다. 충칭의 가릉빈관에서 한국광복군 발대식을 개최하였다. 한국광복군은 1939년 1월에 결성한 한국독립당 당군을 확대 개편하고 한인 청년들을 추가로 모집하였다.

그러나 중화민국 국가 주석 장제스는 광복군의 통수권을 인정하지 않았고, 한국광복군은 중화민국군의 예하부대로서 그 통수권은 중화민국 국민당군에 예속하도록 하였다.

1940년 9월, 김구는 중화민국 국민당군 예하부대로 한국광복군을 창설했지만 중국으로부터 생활비 이상의 원조는 기대할 수 없었다. 그래서 미국으로 가서 활동할 의향을 밝히고 중국 정부에 여행 증서를 발급해줄 것을 요구하였다. 그러자 중국 정부는 중국에서 무엇인가 업적을 남기는 것이 좋지 않겠느냐고 설득했고, 김구는 미국행을 단념하고 활동 계획서를 작성하여 중국 정부에 제출하였다.

이후 이승만 등 재미 인사들과 연락하여 미국 국방성과 접촉하였다. 그리고 광복 직전에는 미군 특수사령부oss와 합동 훈련으로 조선에 잠수함으로 광복군을 침투시킬 계획을 세우기도 하였다.

1940년, 그동안 다른 길을 가던 민족혁명당 인사들과 무정부주의자들이 대한민국 임시정부에 참여했다. 김구는 임시정부를 대한민국의 합법적인 유일한 정부라는 것을 세계에 알리려고 노력하였다. 그래서 1941년 6월에는 대한민국 임시정부 주석의 자격으로 미국 루스벨트 대통령에게 대한민국 임시정부의 승인을 요청하는 서신을 발송했다. 그해 10월에는 임시정부의 승인에 관련된 문제로 중화민국 외교총장과 회동하였다. 그리고 그해 11월 대한민국 건국 강령을 제정 공표하였다.

10 해방되다

1941년 12월 8일, 일본군은 침략 전쟁을 미국으로 확대하여 하와이 진주만에 있는 미군기지를 공격하였다. 조용한 일요일 아침에 진주만은 완전 지옥으로 변하여 많은 배가 침몰하고 사람이 죽었다. 김구는 비록 임시정부지만 하나의 대표 기관으로서 12월 일본에 선전포고를 하였다.

김구는 미국을 중심으로 연합국이 일본을 대항해서 공격을 시작하는 것을 보고 일본이 오래가지 않고 패전할 것이라고 예측하였다. 따라서 전쟁이 끝난 후 우리나라가 식민지가 되지 않으려면 임시정부가 국제적으로 승인을 받아 놓아야 한다고 생각하였다.

1943년 7월, 중화민국 장제스 총통과 회담하여 전쟁이 끝난 후 강대국의 식민지가 되지 않도록 한국 독립의 지원을 요청하였다.

1944년 8월, 중화민국으로부터 한국광복군 통수권을 되돌려받아 한국광복군 통수부를 설치하고, 통수부 주석에 취임하였다. 드디어 김구는 임시정부 주석 겸 광복군 통수부 주석으로 광복군의 통수권을 행사하게 되었다. 따라서 김구는 당권, 정권, 군권을 모두 장악하여 강력한 힘을 갖게 되었다.

김구가 광복군의 통수권을 받을 즈음 일본군에 강제로 끌려갔던 학도병들이 대거 투항을 해오고, 중국군에 포로로 되어 있던 한국의 젊은이들이 석방되어 광복군으로 편입되었다. 광복군은 점점 강력한 군대로 변모하였다.

김구는 독자적인 작전을 전개하여 광복군을 한반도에 주둔하고 싶었으나, 중국 정부는 중국 내에서 활동하는 군사 집단에 대한 관할, 감독, 지도권은 중화민국 정부에 있다며 저지하였다. 김구는 광복군 단독으로 움직이는 것에 한계를 느꼈다. 그래서 미국에 체류 중이던 이승만에게 수시로 연락하여 한국광복군과 미국 육군, 공군과의 OSS 합동 작전을 하기로 결정하였다.

1945년 4월, 미국은 광복군의 OSS 훈련을 승인하였고, 미군과 광복군의 한반도 진입 작전에 합의하였다. 이 작전은 훈련받은 대원들이 분대별로 나뉘어 비행기나 잠수함을 타고 국내로 들어가 숨어 있다가 연합군이 상륙하면 힘을 합쳐서 일본군을 공격한다는 계획이었다. 이를 위해 3개월 동안 훈련을 받고, 침투할 지역을 정하고 장비까지 마련하여 모든 준비를 마쳤다.

그러나 8월 6일 미군은 일본 히로시마에 원자폭탄을 떨어뜨렸고, 8월 8일에는 소련이 일본을 공격하면서 만주 방면으로 쳐들어왔다. 8월 9일에는 미군이 나가사키에도 원자폭탄을 떨어뜨려 일본은 무조건 항복하는 길밖에 없었다.

결국, 일본이 전면적으로 항복을 결정하게 됨에 따라 김구가 그동안 훈련하고 준비한 모든 작전이 수포로 돌아가게 되었다.

1945년 8월 15일, 해방이 되었지만 김구는 외국의 힘으로 해방된 것을 가슴 아파했다.

| 충칭의 임시정부에서 해방을 맞이한 김구(앞줄 5번째)

해방 후 통일 정부를 꿈꾸다

해방 후 통일 정부를 꿈꾸다

1945년 11월, 김구는 임시정부 주석의 자격으로 귀국을 시도하였다. 그러나 미 군정의 반대로 개인 자격으로 귀국하여 주한미군 사령관 하지와 마찰을 가졌다.

이후 김구는 반탁 운동을 전개하며 조국의 자주독립을 위해 헌신하였다. 김구의 노력에도 불구하고 1948년 남한만의 단독 총선거를 실시한다는 국제연합의 결의가 있었다. 김구는 남한만의 총선거에 반대하여 통일 정부 수립을 위한 남북 협상을 제창하며 북행길에 올랐으나 결실을 보지 못했다.

이로 인해 동지이자 경쟁자였던 이승만이 남한의 초대 대통령으로 당선되면서 김구는 급격하게 역할을 잃어버리게 되었다. 결국, 1949년 6월 26일 경교장에서 73세의 나이에 육군 포병 소위 안두희에게 암살당하여 국민을 슬픔에 빠지게 하였다.

백범의 73년의 삶은 한국 근현대사의 발자취와 함께 하고 있다. 김구 선생이 살아온 일생을 추적해보면 도저히 한 사람의 삶이라고는 믿어지지 않을 정도로 다양하고 파란만장한 일생을 보냈다.

01 한국에 돌아오다

광복군과 미군의 한반도 진입 작전이 수포로 돌아가자 김구는 크게 실망하고서 8월 18일 충칭 임시정부로 귀환하였다. 김구는 해방된 한국에 들어가서 정부를 수립하는 일에 착수했다.

1945년 9월 3일, 김구는 임정 국무회의 결과 '당면 정책 14개 조'를 발표하였다. 임시정부가 귀국하면 먼저 각계각층의 대표자 회의를 소집하여 과도정부를 수립하고, 전국적으로 보통선거를 실시하여 정식 정부를 수립한다는 내용이었다.

김구는 한국에서 정부를 만들기 위해서는 임시정부 자격으로 귀국을 원하였으나 미군정은 정부 자격으로 들어오는 것을 인정하지 않았다. 그 이유는 이미 한국에는 38도선을 경계로 북에는 소련, 남에는 미군이 진주해 군정을 펴고 있기 때문에 새로운 정부를 만들 수 없다는 것이었다.

| 하지 장군과의 면담

　　그래서 당시 존 하지 미군정청 사령관은 김구에게 개인 자격으로
만 귀국할 것을 주장하였다.

　　김구는 어쩔 수 없이 개인 자격으로 귀국할 수밖에 없었다. 김구
가 귀국을 결정하자 그동안 함께 투쟁했던 국민당과 공산당은 떠나
는 동지와의 이별이 아쉬운 듯 송별연을 열어 주었다. 장제스 중국
총통은 해방을 맞아 귀국하는 김구 주석 등 대한민국 임시정부 요
인들을 축하하며 미화 20만 달러_{현재 가치 20억여 원}를 김구에게 전달했

다. 수십 년간 대일 항전의 동지로 지내온 김구에 대한 가장 파격적인 지원이었다. 장제스가 고국으로 돌아가는 김구에게 20만 달러라는 거액을 쥐여준 데는 단순한 우정을 넘어 나중에 중국의 고마움을 잊지 말라는 의미도 들어 있었다.

김구는 11월 3일 상하이비행장에서 중국 국민당 인사들의 뜨거운 환송을 받으며 비행기로 상하이를 떠났다.

44세에 고국을 떠나서 상하이에서 13년, 자싱, 난징 등지에서 7년, 그리고 충칭에서 7년, 무려 27년이란 긴 세월을 조국의 독립을 위해서 중국에서 살다 70세가 되어 마침내 고국으로 돌아가는 것이었다.

김구는 27년 만에 고국으로 돌아가니 너무도 가슴이 벅차 아무 말도 할 수 없었다. 김구를 실은 비행기가 여의도비행장에 착륙하였다.

공항에는 아무도 나와 있지 않았다. 김구를 따르는 사람이 많다는 것을 안 미군정 당국은 많은 인파가 모이는 것에 대해 겁을 내고 있었기 때문에 국민들에게 알리지 않았다. 임시 숙소는 조선호텔로 정했고, 지주 최창학은 자신의 별장인 죽첨장경교장을 김구를 위해 기증했다. 이후 김구는 죽첨정에서 정치 활동을 시작하였다.

김구가 돌아온 지 1시간이 지나서야 미 군정은 짤막하게 입국 사실을 방송으로 알렸다. 방송을 들은 수많은 사람은 김구가 묵고 있는 조선호텔 근처로 몰려들었다. 군중은 김구의 모습을 보기를 원했고, 김구의 귀국 사실에 대해 감격해서 눈물을 흘린 사람도 있었다.

미군정의 요구에 따라 김구는 개인 자격으로 귀국하였으나 "내가 귀국할 때 한국의 정부도 돌아오는 것이다."라고 선언하였다. 이 일로 미군정청 사령관 존 하지와 수시로 마찰을 빚게 되었다.

김구는 국내에 들어오자마자 장제스가 마련해준 20만 달러를 국내로 들여오기 위해 노력했지만 실패했다. 중국과 경쟁하기를 원치 않았던 미국이 중국 측이 제공한 정치자금을 허용하지 않았기 때문이다. 다급해진 김구는 뉴욕의 주미 중국대사관을 통해 서울로 송금해줄 것을 부탁했다. 미군정은 김구의 개인 경호원과 광복군 무기 소지를 허용하였으나, 장제스가 준 돈 20만 달러는 끝내 허락하지 않았다.

02 신탁통치에 반대하다

해방 뒤 한국의 사정은 날로 어려워만 갔다. 미국과 소련 두 나라에 의하여 모든 일이 좌지우지되었기 때문이다. 통일된 독립 정부를 세우려고 했지만 미국과 소련은 자기들의 이익에 따라 군정을 만들어 통치하였다. 이에 따라 국민들도 미국이나 소련을 등에 업고 권력을 잡으려는 사람들 때문에 같은 동포끼리도 싸움이 끊이지를 않았다.

1945년 12월 28일, 모스크바에서 미국 · 영국 · 소련의 3국 외상회의가 개최되었다. 이 회의에서 미국 · 영국 · 소련 3국은 한국에 임시 민주정부를 수립하기 위해 미 · 소 공동위원회를 설치하고, 임시 민주정부는 최고 5년간의 신탁통치를 받을 것을 결정하였다. 신탁통치는 어떤 나라가 아직 정치를 잘할 줄 몰라서, 그 능력이 생길

때까지 정치만 대신 해주는 형태를 말한다. 전후 처리를 위한 임시 체제인 군정과는 다른 개념이었다.

광복 후 독립 정부의 수립을 고대하던 우리 민족은 신탁통치의 결정을 민족에 대한 모욕으로 받아들였다. 김구는 이승만과 함께 신탁통치 반대를 결의하였다. 그래서 민족 지도자들이 중심이 되어 신탁통치반대 국민총동원위원회를 결성하였으며, 이를 계기로 반탁 운동이 전국적으로 확산되게 되었다.

12월 29일, 임정 주최로 경교장에서 각 정당 사회단체 대표자 대회가 열렸다. 김구는 흥분해서 말했다.

"우리가 왜 서양 사람 구두를 신느냐. 짚신을 신자. 양복도 벗어 버리자."

그리고 김구는 눈물을 흘리면서 절규하였다.

"우리 민족은 다 죽는 한이 있더라도 신탁통치만은 받을 수 없으며, 우리들은 피를 흘려서라도 자주독립 정부를 우리 손으로 세워야 한다."

김구는 신탁통치에 찬성하는 자는 매국노라고 규정하였다.

이렇게 모스크바 3국 외상 회의의 결정을 놓고, 남한에서는 민족주의 진영이 반탁 운동을 전개하고, 북측에서는 공산주의 진영이 모스크바 3국 외상 회의 결정안 지지 운동을 전개함으로써 좌·우

대립은 점점 치열해지게 되었다.

12월 29일 저녁, 독립운동가인 송진우가 경교장을 찾아와 김구의 반탁 운동을 문제 삼았다.

"신탁통치에 대해서 침착하고 신중하게 대처해야 합니다. 만약 미국을 적으로 돌리면 공산당이 어부지리를 얻게 됩니다. 그러니 미국과는 등을 지지 않기 위해서 반탁을 해서는 안 됩니다."

김구는 반탁의 부당함을 지적하러 온 송진우에게 오히려 반탁 운동에 가담하도록 설득했지만 실패하였다.

송진우와의 면담은 12월 30일 새벽 4시에 끝났는데, 두 시간 후 송진우는 자택에서 청년단의 저격을 받고 암살당했다. 송진우가 신탁통치를 찬성하는 것이라고 착각한 김구의 추종자들에게 사살된 것이다.

12월 30일, 김구는 신탁통치를 반대하는 성명서를 하지에게 보냈다. 하지는 신탁통치에 반대하는 김구의 성명서를 당시 UN군 최고 사령관인 맥아더에게 송신하였다. 그러나 신탁통치안은 계획대로 발표되었다. 신탁통치안이 발표되자 신탁통치반대위원회는 반탁 시위를 주관하였고, 신탁통치에 반대하기 위하여 미군정청의 한국인 직원들이 파업을 선언하였다.

1946년 1월 1일, 김구는 미군정청 사령관 존 하지에 의해 호출되었다. 이시영·신익희·조소앙·엄항섭 등 다른 임정 요인도 함께 군정청으로 불려갔다. 하지는 반탁 운동으로 통치가 어려워지자 화를 내며 김구에게 말했다.

"앞으로 군정의 명령을 거역하면 당신을 죽이겠소!"

김구는 남의 나라에 와서 통치하는 것도 마음에 들지 않는데 자신을 죽이겠다고 하자 분노가 폭발하였다.

김구는 하지에게 달려들면서 말했다.

"이 자리에서 죽을 테니 죽여 달라."

하지는 김구가 만만한 인물이 아닌 것을 알고 달래며 좋은 말로 파업을 철회할 것을 부탁하였다.

김구는 한국인 직원들에게 파업을 그만하고 복귀를 촉구했다.

03 정부 수립을 꿈꾸다

1946년 1월 3일, 갑자기 조선공산당이 모스크바 3국 외상회의 결과를 지지하여 신탁통치를 찬성하였다. 처음에는 일부 공산주의자들까지 반탁 의사를 밝혀 단합의 계기가 마련되는 듯하였으나, 이들은 소련의 지령에 따라 곧 태도를 바꿔 모스크바 3국 외상회의 결정을 지지하였다.

김구는 마음을 바꾼 공산주의자들에게 맹비난을 퍼부었다.

"조선공산당은 반민족적 집단이고 신사대주의자다."

한편, 북한에서는 반탁을 주장한 조만식이 소련 당국에 의해 연금되었으며, 이로 말미암아 북한 민족주의 진영의 반탁 운동은 금지되었다.

1946년 1월에는 미·소 공동위원회가 결성되었다. 김구와 이승만은 미·소 공동위원회 반대와 불참을 선언했다. 그러나 김규식은 신탁통치에 대해서 긍정적인 입장을 보이면서 미·소 공동위원회에 대해서 찬성의 뜻에 서게 됐다.

민족 지도자들은 이승만을 미국으로 보내 미국으로부터 정부 수립에 대한 확약을 받아 오도록 외교 활동을 지원했다.

2월 14일부터 2월 17일까지 김구는 비상 국민회의를 개최하여 민족통일총본부, 비상국민회의, 독립촉성국민회 등을 통합하여 '국민의회'를 결성하였다. 반탁 운동을 계기로 해서 국민의회를 통해 과도정부를 수립하려고 하였다.

3·1절을 전후하여 정부 수립을 추진하려던 계획이 알려지고 말았다. 신문에서는 아이들 장난으로 조소하였고, 이승만은 국제 정세를 모르는 미숙한 자살 행위라고 비판했다. 미군정은 이러한 활동에 대해서 심히 불쾌하게 여겼다.

하지는 주한미군 사령관실로 지도자들을 불러서 협박하였다.

"당신들이 정부를 수립하려고 한다면 모두 체포하겠소."

결국, 민족 지도자들은 협박을 받고 굴복하여 계획은 불발로 끝나게 됐다.

04 백의사 폭탄 투척 사건

1946년 3월 1일, 북조선 임시인민위원회는 평양역 앞에서 3·1 운동 27주년 기념식을 열었다. 행사가 진행되는 도중 누군가가 연단을 향해 수류탄을 던졌다. 그 순간 행사의 경비를 담당한 소련군 소위가 재빨리 수류탄을 되잡아 던지려고 했지만, 이미 때가 늦었다. 폭탄은 소련군 소위의 손에서 폭발했다.

소련군 소위 노비첸코는 이 폭발로 오른팔이 잘려나가고 한쪽 눈을 다치는 중상을 입었지만, 김일성은 재빨리 피해 화를 면했다. 이때 수류탄을 투척한 사람은 현장에서 체포되었다. 조사를 하니, 남한에서 올라간 18세 김형집으로 백의사白衣社 단원이었다.

백의사는 1945년 11월경 염동진이 월남한 반공 청년·학생들을 중심으로 조직된 극우 테러 단체이다. 명칭은 중국 국민당 장제스의 반공 결사단체인 람의사를 본뜻 것으로, 백의민족을 상징하는 의미가 담겨 있다. 백의사는 거사가 실패하자 김책과 강양욱_{김일성의} _{외조부}의 집까지 습격하여 폭탄을 던졌으나 성공하지 못했다.

그런데 청년단원 중 한 명이 임시정부 내무부장 신익희의 명의로 발급된 무임승차권을 분실했는데, 이것을 북한 측이 입수했다.

이 테러가 임시정부의 지시에 따른 것이라는 증거를 확보한 북한 은 김구와 이승만을 격렬히 비난하였다. 조선공산당은 김구가 귀국 할 때 기관지를 통해 "민족혁명의 지사", "반제에 일생을 바친 고결 한 지사"로 예찬했었지만, 이 테러 사건 이후 김구는 북한에서 불구 대천의 원수로 낙인찍히고 말았다. 이런 연유로 당시 북한의 출판 물에서는 김구의 이름으로 개 구자를 써서 '김구_{金狗}'로 부르며 매 도하기도 하였다.

백의사는 이 밖에도 1947년 7월, 몽양 여운형 암살 당시 염응택 이 45구경 권총을 암살범들에게 지급한 것으로 드러나기도 했고, 송진우, 장덕수 등 주요 인사의 암살에 개입했다는 의심도 받고 있 었다.

05 이승만과의 경쟁

김구와 이승만은 독립을 위해서 같은 길을 걸었다. 김구는 평소 연장자인 이승만에게 우남 형님, 우남장雩南丈이라 부르며 깍듯이 존대했다. 둘은 일본의 식민지에서 벗어나기 위해 독립운동을 전개한 동지였다. 그러나 해방된 후 반공주의 우익 진영의 주도권을 놓고 경쟁 관계에 있었다.

정치를 하기 위해서는 많은 자금이 필요했다. 당시 이승만은 미국의 한인 교포 노동자들과 청년층 지식인들의 후원금을 받았기 때문에 정치 자금이 풍부해서 할 수 있는 일이 많았다. 반면에 김구는 정치 자금이 부족해서 하고 싶은 일을 제대로 하지 못했다.

이승만은 장제스가 김구에게 지원한 20만 달러의 존재를 알고, 그 돈을 자신에게 지원해 주기를 부탁했다. 20만 달러의 반입을 사실상 포기한 김구는 돈을 국내로 들여올 수 있다면 이승만에게 주기로 약속했다. 김구는 임시정부 시절 이승만과 재미교포 사회에서 받은 지원금에 대한 보답을 하려는 마음이었다.

이때부터 돈을 손에 넣기 위한 이승만의 집요한 노력이 시작되었다. 이승만은 1946년 2월, 장제스 총통에게 수차례 전보를 보내서 돈을 보내달라고 하였다. 전보를 접수한 국민당은 원래 김구에게 주기한 것인데 이승만이 달라고 했기 때문에 난감해 하고 있었다. 그러다 점차 김구와 이승만과의 관계가 점차 나빠지자 김구는 이승만에게 자금이 가지 못하도록 했다.

김구는 주한 중국영사관에 부탁해서 10만 달러를 임시정부 주중 대사관의 운영 자금으로 지원토록 하였다. 이승만은 나머지 돈을 포기하지 않은 채 그해 8월 부인 프란체스카와 함께 주한 중국영사관을 찾아가 나머지 10만 달러를 달라고 사정했다. 이 일이 있은 후 10만 달러는 김구의 아들 김신이 들여와 경교장 운영비와 《백범일지》 출간 비용 등에 충당해 버렸다.

이승만은 온갖 노력을 했지만 결국 돈을 수중에 넣는 데는 실패하였다. 이 일로 인해 이승만은 김구에 대해 나쁜 감정을 갖기 시작했다.

06 이승만과의 결별

1947년 12월 2일, 한국민주당 정치부장 장덕수가 제기동 자택에서 살해되는 사건이 발생했다. 장덕수는 재령 보강학교 당시 김구의 제자이기도 했다. 여러 단체들이 한국독립당과 통합을 하던 때 한국민주당이 한국독립당과 통합하는 것을 가장 반대하던 사람이 장덕수였다.

장덕수는 한국독립당과의 통합은 당을 임정 요인들에게 헌납하는 것이라며 주장하였다. 범인 박광옥은 현직 경찰로서 근무 중 정복 차림에 칼빈총을 휴대하고 공범 배희범과 함께 장덕수를 방문하여 칼빈총으로 저격하였다.

범인들은 바로 체포되어 주범 박광옥 · 배희범을 포함한 8명이 사형선고를 받게 되었다. 이들은 임정을 절대 지지하는 대한학생총연

맹의 간부 또는 회원들이었기 때문에 김구는 그 배후로 지목되었다.

김구는 장덕수 암살 사건 관련자로 지목되어 미국 대통령 해리 트루먼 명의의 군정청 재판정 소환 출두서가 경교장에 도착되었다. 김구에 대한 수사가 시작되자 인재 양성을 목적으로 김구가 설립한 건국실천원양성소의 50여 명은 혈서를 써서 군정청에 항의하였다. 김구는 증인 자격으로 재판정에 섰지만 미군정청 군법무관들로부터 추궁을 당했다. 김구를 심문한 미군정청 군법무관들은 대위, 소령, 중령급이었다.

김구는 법정에서 울분을 토하면서 말했다.

"내가 지시했다고 하는 것은 나를 모략하는 것으로 생각한다. 나는 왜놈 이외에는 죽일 놈이라고 말한 적이 없다. 장덕수가 죽은 것만도 분한데 왜 나한테 자꾸 이러느냐?"

김구의 증인 신문 때 법무장교와 김구 사이에 격렬한 논쟁이 벌어지자, 범인 박광옥은 피고석에서 김구 선생을 모욕한다고 고함을 질렀다. 그와 동시에 혁대를 풀어 들고 횡포를 벌여 미군 헌병의 제지를 받기도 했다.

1948년 3월 8일, 이승만은 언론에 '장덕수 사건에 김구가 연루되었다는 것은 믿을 수 없으며, 부하 몇 사람의 행동이 김구에게 누를 끼친 것은 유감'이라는 담화문을 발표하였다. 그러나 이승만은 발표는 그렇게 했지만 장덕수의 암살범을 김구라고 확신했다. 김구는 당국의 조사를 받게 되자 이승만에게 자신이 법정에 서지 않도록 도움을 요청했으나 모두 거절당했다.

그뿐만 아니라 이승만이 장덕수 암살 사건으로 위기에 처한 국민회의를 방관하면서 따로 한민당과 연대하며 독자적으로 '한국민족대표단'을 구성하자 김구는 크게 분노하였다. 김구는 이때 이승만에게 큰 모욕감을 느꼈다. 결국, 해방 직후 정치적으로 경쟁하던 김구와 이승만은 장덕수 암살 사건을 계기로 결별하게 되었다.

07 통일 정부를 세워야 한다

1947년 9월 17일, 미군정은 한국 문제를 UN으로 이관한다고 밝혔다. '미·소공동위원회를 통해 한반도에 민주적 독립국가를 설립한다'는 계획을 포기한다는 선언이었다. 소련은 반발하였고 김구는 이승만, 한민당과 함께 이를 크게 환영하였다.

반탁 운동을 주도한 김구는 우익 진영들의 단결과 통일을 추진했다. 그는 우선 반공, 우익 진영 정당 통합을 추진했고, 다수의 우익 인사들은 그의 단결 노력에 동조했다. 그러나 김구에 반대하는 사람도 많았다. 특히 이승만은 노골적으로 김구를 반대했다.

점차 지도자들이 합심하여 통일 정부를 세우기 어렵다는 것을 깨달은 사람들은 남한만이라도 독립을 해야 하지 않겠냐고 주장하기 시작하였다. 그리고 다들 새로운 정부가 생기면 권력을 잡아야겠다고 생각하는 사람이 많아졌다.

김구는 단호하게 말했다.

"절대 안 되는 일이야. 통일 정부를 세우지 않으면 나라가 영원히 두 동강이 나고 서로 피를 흘리게 돼!"

그러나 대세는 단독 정부를 세우자는 사람들에게 유리하게 돌아갔다. 이승만은 미국으로 건너가 세력이 있는 사람들을 찾아다니면서 남한만의 정부를 세워야 된다고 설득하고 다녔다. 결국, 미국은 UN을 교묘하게 조정해서 마침내 남한에서만 선거를 실시해 정부를 세운다는 허락을 UN에서 받아냈다.

미국에서 돌아온 이승만과 그를 따르는 무리들은 남한에 단독 정부를 세우기 위한 준비를 하나둘씩 해나갔다. 초조해진 김구는 1948년 1월, 단결과 통일을 추진하기 위해 남북 협상에 참여할 뜻을 굳혔다. 그러자 측근들이나 지인들이 만류하였으나 김구는 듣지 않았다.

1948년 3월 1일, 남로당 중앙위원회는 김구가 자신들을 무시하고 직접 북한으로 가서 남북 협상에 참여한다는 이유로 김구를 비판하였다. 당시 김좌진의 아들인 김두한은 아버지가 공산주의자들에 의해 암살되었다는 사실을 알고 공산당에 대해 습격과 살인을 하여 공포의 대상이었다. 김두환은 대한민청 사건 등으로 미군정에 의해 포고령 위반으로 체포되어 사형을 선고받았다. 재판 과정에서도 좌우 대립이 극심하였다. 1948년 3월 21일, 김구는 적극적으로 김두환을 지지하였고, 지청천·이범석 등은 하지에게 구명 운동을 벌였다. 결국, 김두환은 풀려날 수 있게 되었다.

08 북한을 방문하다

1948년 4월, 김구는 김규식 등과 함께 북행을 결정하고 4월 19일 북행길에 올랐다.

김구가 방북할 뜻을 표현하자 수백 명의 청년이 경교장 앞에 와서 말했다.

"못 가십니다. 가시려면 우리의 배를 지프차로 넘고 가십시오."

그러나 김구는 자신이 체포되어 법정에 섰을 때는 도와주지 않고 이제 와서 북행길은 반대하는 학생들이 섭섭했다. 김구는 학생들을 향해서 호통을 쳤다.

"학생 여러분! 여러분 말대로 공산주의자와 협상한다는 것이 소용없다 해서 아예 이야기조차 하지 않는다면 우리는 누구와 얘기를 해서 통일을 하지? 우리는 통일이 아니고서는 살 길이 없네."

| 38선을 넘는 김구

김구의 호통과 설득에도 학생들은 물러나지 않았다.

학생들이 물러나지 않자 김구는 아들 김신과 비서 선우진에게 말했다.

"내가 북행길을 포기한다고 학생들에게 발표하게."

김신의 발표에 안심하는 학생들은 하나둘씩 자리를 떠났다.

김구는 차를 미리 담 밖에 세워 놓고 담을 넘어서 차를 타고 출발하였다. 김구의 출발 소식이 알려지자 북행길을 주저하던 김규식역시 출발하였다.

| 김구와 김일성이 남북 연석회의장으로 걸어가는 모습

　김구는 북한에 도착하여 남북 연석회의에 참석해서 김일성에게 말했다.

　"아무리 어렵다고 해도 북한의 지도자와 남한의 지도자가 서로 만나 흉금을 털어놓고 이야길 해서 통일 정부를 세워야 하지 않겠소? 그러지 못하고 조국과 민족을 둘로 갈라놓으면 역사 앞에 죄인이 될 것이오."

　남한의 주요 정치 인사들은 평양에 왔지만 연석회의에는 참석할 수 없었다. 이는 소련 군정청의 민정청장 레베데프가 김구를 불러서 남북 연석회의를 하는 것은 김구가 김일성을 인정하는 것이나 마찬가지라는 생각에 김구를 정치적으로 이용했던 것이다.

김구는 북한의 지도자들이 통일 정부를 세우려는데 관심이 없다는 것을 알게 되었다. 자신이 이용당하고 있는 것을 눈치챈 김구는 4월 22일 회의에만 참석해 형식적인 인사말만 하였다.

1948년 5월, 남북 협상을 마친 김구는 김일성에게 조만식을 데리고 내려가게 해 달라고 부탁하였다. 그러나 김일성은 자신에게는 권한이 없으며, 주둔군 당국의 양해가 있어야 된다며 거절하였다.

김구가 남북 협상에 참가한 이유는, 남북 통일 정부가 수립되면 자신이 대통령이 될 수 있을 것이라는 희망을 가졌기 때문이었다. 그러나 김구는 그것이 어렵다는 것을 깨닫게 되었다. 1948년 4월 26일, 김구는 송태산장을 찾아 도산 안창호의 형인 안치호, 여동생 안신호를 만나고 내려왔다.

5월 10일 3·8선을 넘어 귀환하는 날, 남한만의 총선거가 시행되어 국회의원을 뽑았다. 김구는 남북 협상에 다녀와서 자신이 없는 동안 총선거에 입후보한 사람은 다 탈당하라고 했다. 많은 사람들이 권력을 얻기 위해 김구를 떠나게 되었다.

김구는 권력만을 찾는 이승만이 점점 미워졌다. 이승만은 과거에 돈만 보냈지 독립운동을 하지 않았다고 공개적으로 비난하였다. 이승만도 김구가 혁명가는 될 수 있어도 정치가는 못 되고, 그저 곡괭이 들고 나가서 부수는 일은 하겠지만 정치는 못할 것이라고 비난하였다.

7월 20일에 시행된 정·부통령 선거에서 이승만이 절대 다수로 대통령에 당선되었다. 이제 분단된 조국의 통일은 더욱 먼 것이 되었다. 통일 정부를 세우겠다고 몸을 바쳐 일하던 김구는 설 자리가 더욱 좁아졌다.

그러나 김구는 단념하지 않고 통일을 위한 작업을 계속해 나갔다. 이로 말미암아 이승만과 감정의 골은 깊어만 갔다. 김구는 남북 협상에서 김일성에게 이용당한 것을 알고 침울하게 보냈다. 김일성이 2차 회의를 제의해 왔을 때는 단호하게 거절했다.

이후부터 김구는 친북 인사들을 경계하고 북의 정부 수립을 배신 행위로 단정지었다. 그리고 북한과 공산주의자들을 멀리하였다.

마침내 8월 15일 남한에 대한민국이 선포되자, 북한은 9월 9일 조선민주주의 인민공화국을 선포하였다. 이제 한반도는 완전히 두 동강이 났다. 그래도 김구는 절망하지 않고 통일을 해야 한다고 국민들을 설득했다.

09 오해를 받다

1948년 10월 19일, 여수에 주둔하고 있던 국방경비대 제4연대의 좌익계 병사들이 국방경비대 제14연대 병사들이 여순사건을 일으켰다. 여순사건은 남한 만의 단독정부 수립을 반대하면서 제주도에서 일어난 항쟁을 진압하라는 파병 명령을 거부하고 주둔지인 여수에서 일으킨 군사 반란을 말한다.

여순사건은 제14연대 남로당 세포원들이 독자적으로 일으켰다. 10월 19일 늦은 밤에 시작된 봉기는 다음 날 동트기 전에 여수를 점령했고, 아침에는 순천에 진입하면서 광양·구례·보성·벌교 등 전남 동부 지역으로 빠르게 번져나갔다.

처음에는 소수의 남로당 세포원들인 하사관들이 주도하여 봉기를 일으켰지만, 지방 좌익 세력과 청년 학생들이 대거 참여하여 광범한 민중 봉기로 발전하였다. 남로당원들은 인민위원회를 설치하여 식량 배급과 친일파, 민족 반역자, 반동 세력 등을 처단하는 등 기초적인 행정을 시작했고, 좌익 학생들은 총을 잡고 봉기군을 원조했다. 여수·순천에서 일어난 민중 봉기는 남한 정권을 완전히 부정하였다.

여순사건은 이승만 정부가 들어선 뒤 처음 맞는 정치적 위기였다. 정부는 38선 경계 병력을 제외한 남한의 모든 군대로 진압군을 편성했다. 미군은 임시 군사 고문단원으로 하여금 작전과 군수, 인사를 통제하면서 진압작전을 물심양면으로 지원하였다.

결국, 순천과 여수를 점령한 진압군과 경찰은 우익 청년단원들과 지방 우익 세력의 도움을 받아 협력자 색출에 나섰다. 혐의자들에게는 아무런 변호의 기회도 주어지지 않은 채 우익 세력의 밀고에 의하여 즉석에서 참수, 사형되거나 군법회의에 넘겨졌다. 법도 제정되기 전에 실시된 계엄령은 반란 지역의 민간인을 적으로 간주하여 처형하였기에 반란군이 들어왔을 때보다 진압군이 점령했을 때, 민간인 희생자가 몇 배나 더 발생하였다.

이승만 정부는 여순사건으로 닥친 위기를 진압 작전으로 극복한 뒤 반공 사회 구축을 위해 온 힘을 쏟았다. 이로 인해 좌익 세력의 폭력과 비인간성이 강조되었고 심지어 좌익 세력은 짐승이나 악마의 수준으로 간주되었다. 이에 비해 진압 작전에서 수많은 민간인을 학살한 군경, 우익 청년단체원들은 공산주의 위협에서 대한민국을 구한 애국자로 칭송되었고 작전이 끝난 다음에는 훈장이 수여되었다. 반공이 애국이며 반공 이외의 것은 체제 위협이자 매국으로 간주되는 분위기가 만들어졌던 것이다.

여순사건이 일어나자 사건 당시 이범석 국무총리 겸 국방장관은 10월 21일 기자회견에서 말했다.

"이 사건은 정권욕에 눈이 어두운 몰락한 극우 정객이 공산당과 결탁해 벌인 정치적 음모"라며 사실상 김구를 지목하였다.

그러자 김구는 10월 27일 여순사건 진압 직후 공식 기자회견을 열어 "나는 극우 분자가 금번 반란에 참여했다는 말을 이해할 수 없다."라고 말하면서 관련 사실을 극구 부인했다.

10월 28일의 공개 담화에서 김구는 순진한 청년들이 용서할 수 없는 죄를 범하였다고 하면서 여순사건을 반란, 테러로 규정했다. 10월 30일, 여순사건 관련 담화에서 김구는 여수 · 순천 등지의 반란을 '집단 테러 활동'으로 규정하고 "부녀와 유아까지 죽었다는 보도를 듣고 그 야만적 소행에 몸서리가 쳐졌다."라고 발표하였다.

그러나 일부 인사들은 극우 단체가 여순사건에 개입된 것만은 사실이라고 계속 주장하였다.

10 김구 암살되다

1949년 1월, 한독당 중앙집행위원회 신년사에서 김구는 계속 남북통일의 필요성을 강조했다.

"남북 협상에 대해서 일부 인사들이 부정적 태도를 보이는 것도 무리가 아니다. 북한 공산주의자들의 거짓과 약속을 어기는 것에 동요하지 말고, 서울에서 조국 통일을 위한 남북 협상이 열렸으면 한다."

김구는 지속적으로 인재 양성의 필요성을 느끼고 서울 금호동에 '백범학원'을 세웠고, 3월 마포구 염리동에 '창암학교'를 세웠다.

한편 김구는 자신을 암살하려는 음모가 꾸며지고 있다는 정보를 듣게 되었다. 그러나 김구는 일본인도 자신을 죽이지 못했는데 동포가 어떻게 위해를 가하겠느냐며 대수롭지 않게 넘겼다.

1949년 6월 26일 일요일, 김구는 서울의 자택 경교장에서 예배에 나갈 예정이었다. 그러나 마침 차가 밖에 나가고 없어서 기다리면서 책을 읽고 있었다.

11시 30분경 육군포병 소위 안두희가 찾아와 면회를 요청했다. 비서는 그를 2층으로 안내했다. 비서가 안내를 하고 2~3분 후에 총성이 요란하게 났다. 비서는 2층으로 달려갔다. 손에 총을 든 안두희가 내려오면서 말했다.

"내가 백범 선생을 쏘았소!"

비서는 거실로 달려가 보았지만 이미 김구는 온몸이 피투성이가 되어 눈을 감은 채 의자에 쓰러져 있었다. 곧 병원으로 옮겨졌으나 절명하였다. 이때가 12시 45분이었다. 김구의 나이 73세였다.

이 사실이 알려지자 수많은 사람이 경교장으로 몰려들었다. 이내 경교장 일대는 순식간에 울음바다가 되었고, 같은 해 7월 5일 국민장으로 효창공원에 안장되었다. 김구의 사망 소식을 듣고 전국에서는 조문 행렬이 줄을 이었다.

안두희는 바로 경찰에 잡혔으나 뒤이어 달려온 군복 입은 사람들에 의해 어디론가 사라져 버렸다. 안두희는 김구라는 민족 지도자를 살해했음에도 불구하고 한국전쟁 이후 사면을 받고 군에 돌아가 소령까지 진급하고, 나중에는 군납업체를 운영하였다. 이를 두고

권력층의 비호를 받았을 것으로 추정되고 있지만, 그 배후가 누구
인지는 아직 밝혀지지 않았다.

일설에는 이승만과 가까운 인물들이 주도하였다고 추측은 하지
만 배후는 여전히 미궁이다.

| 김구의 사망을 알고 몰려와 슬퍼하는 시민
(경교장 백범의 집무실에서 총알에 구멍이 뚫린 유리창으로 본 풍경)

05
김구에게 배워야 할 리더십

김구에게 배워야 할 리더십

오늘날 사회는 급속하게 변화를 하고 있다. 이러한 때일수록 리더십 있는 지도자를 만나야 밝은 미래를 기대할 수 있다. 리더십이란 리더로서 조직을 이끌어가기 위해 반드시 갖추어야 할 능력과 자질을 뜻한다. 따라서 리더의 잘못된 리더십은 한 기업을 망하게 하고, 국가의 운명을 후퇴하게 만든다.

우리나라는 지정학적 위치 때문에 주변 국가들에 수많은 외침을 당했다. 그때마다 리더의 역할에 의해서 국가와 백성이 혼란을 겪기도 하고, 슬기롭게 대처하기도 하였다. 지금까지 우리 역사에 훌륭한 리더가 많지만, 그중에서 손꼽히는 리더 중 한 사람이 김구 선생님이다.

김구는 평생을 우리나라의 자주독립과 해방을 위해 헌신하고 의로운 삶을 살았다. 리더는 자신이 먼저 변해야 따르는 사람들의 마음을 움직인다. 김구는 스스로 정의로운 삶을 살았기에 국민은 그의 정의로운 정신을 존경하고 따랐던 것이다.

김구는 어렸을 때부터 남다른 리더십을 가지고 사회 개혁과 나라의 독립에 앞장섰다. 그의 탁월한 리더십은 임시정부와 독립운동 단체를 이끌고 대한민국의 기틀을 다졌다.

01 나라를 사랑하라

김구의 가장 큰 특징을 들라고 한다면, 그의 지고지순한 애국심이라고 할 것이다. 김구는 평생을 살면서 단 하나의 소원이 바로 완전한 자주독립이었다. 그래서 인생 전체가 자주독립을 위한 노력과 실천밖에는 할 이야기가 없다. 김구의 명언 중에 독립에 대한 강한 의지를 잘 표현해주는 명언이 있다.

"네 소원이 무엇이냐?"하고 하느님이 물으시면, 나는 서슴지 않고 "내 소원은 대한 독립이오."라고 대답할 것이다.

"그다음 소원은 무엇이냐?"하면 나는 또 "우리나라의 독립이오." 할 것이요, 또 "그다음 소원이 무엇이냐?"하는 세 번째 물음에도 "나는 더욱 소리를 높여서 나의 소원은 우리나라 대한의 완전한 자주독립이오."하고 대답할 것이다.

김구가 말하는 완전한 자주독립이란, 남의 도움을 받지 않고 우리의 힘으로 독립하는 것을 말한다.

김구는 어릴 때부터 자신의 어려운 환경 때문에 사회의식을 가지게 되었고, 청년이 되면서 민족의식이 정립된 이후에는 자신의 모든 것을 희생해 가면서 전 생애를 자주독립에 바쳤다. 김구가 일제의 침략 하에서 죽음을 두려워하지 않고 신음하는 조국과 민족을 구하기 위해 전념을 다할 수 있었던 것은 바로 나라를 사랑하는 마음이 강했기 때문이다.

김구는 두 차례에 걸쳐 감옥에 가고, 참기 힘든 고문을 당했으며, 사형선고를 받고도 기적적으로 살아났다. 이럴 수 있었던 것도 모두 나라를 사랑하는 마음이 강했기 때문이다.

김구가 스물한 살 때 우연히 만난 쓰치다를 국모를 살해한 원수로 인정해 맨손으로 때려죽이고 형무소에서 사형선고를 받았어도 오직 나라의 앞날만 생각했다. 그랬기에 기적적으로 살아날 수 있었다. 그리고 신민회 사건105인 사건으로 김구는 17년형을 선고받고 일제의 잔혹한 고문으로 죽음에 가까이 다가간 적이 많았다.

김구는 거꾸로 매달려 수도 없이 매를 맞았을 뿐만 아니라, 달구어진 쇠에 맨살이 지져지는 고문도 당했다. 모진 고문 속에서 김구는 여러 차례 정신을 잃었지만 살려달라고 하거나 비굴하게 행동하지 않았다.

김구는 고문을 받으면서도 소리쳤다.

"내 목숨을 너희가 빼앗아도 내 정신은 빼앗지 못한다!"

김구는 모진 고문을 당하면서도 일본 순사들의 말에 따르지 않았다.

오히려 김구는 야밤에도 몇 차례 죽었다 깨어나 의식이 희미한 상태에서 철장 안으로 쏟아지는 달빛을 맞으며, 그는 쓰러져 육신이 아파서 괴로워하는 것이 아니라 나라를 더 사랑하지 못한 것을 반성하였다.

김구는 해방이 되어 다시 갈라진 나라의 통일을 위해 온 힘을 기울였다. 그러나 이러한 노력에도 불구하고 남한만의 정부가 들어서자, 그는 통한의 눈물을 흘렸다.

임시정부 활동 때에는 수많은 암살 위협에 시달렸고, 실제로 총을 맞고 쓰러지기도 하였지만 나라 사랑하는 마음은 굽히지 않았다.

이처럼 목숨을 두려워하지 않고 국가에 대한 지극하고 지순한 나라 사랑의 정신이야말로 김구를 위대한 인물로 만들 수 있었던 것이다.

TIP

김구는 죽음을 넘나드는 잔인한 고문을 받는 동안에도 오히려 나라를 더 사랑하지 못했음을 늘 반성하였다. 상하이 임시정부 시절, 도산 안창호 선생께서 어떤 자리를 맡고 싶으냐는 물음에, 김구는 서슴없이 정부의 문지기를 하겠다고 대답하였다. 보통 사람 같았으면 분명히 높은 자리를 탐냈을 것이다. 그런데 김구는 나라의 독립을 위해서라면 하찮은 일이라도 기꺼이 하겠다고 대답하였다. 김구는 오직 나라를 사랑하는 일에 관심이 있었을 뿐, 사랑하는 방법은 따지지 않았다.

02 용기를 가져라

김구는 용기 있는 사람이었다. 용기란 씩씩하고 굳센 기운 또는 사물을 겁내지 아니하는 기개를 말한다. 김구는 살면서 어떤 일도 두려워하지 않았으며, 항상 먼저 국가를 생각하는 마음으로 씩씩했다. 김구의 인생 자체가 용기와 도전이라고 할 수 있다. 그저 평범하게 살 수 있었지만 위기와 기회는 항상 김구에게 용기를 원했고, 결국 김구는 큰 인물이 될 수 있었다.

김구는 텃골이라고 하는 두메산골에 사는 가난한 농부의 아들로 태어났다. 젖이 모자라서 암죽과 동냥 젖으로 자라다가, 서너 살 때는 천연두를 앓아 얼굴에 큼직큼직한 마마 자국까지 생겼다. 그러나 철이 들어 거울에 비친 못생긴 자신의 얼굴을 보고도 실망하기보다 오히려 더 큰 용기를 냈다.

"잘생긴 얼굴은 몸이 튼튼함만 못하고, 몸이 좋은 것은 마음이 올바름만 못하다."라는 글귀를 마음에 새기고, 김구는 마음이 올바른 사람이 되기로 결심했다.

17세 때 과거에 응시하였다가 관직을 사고파는 부패한 사회를 보고 참을 수가 없었다. 더욱이 나라는 점점 어지러워지고 백성의 생활은 더욱 힘들어져 갔다. 이러한 사회 속에서 김구는 세상의 변화를 꿈꾸었다. 동학에 입교하여 세상을 변화시키기 위해 노력하였다. 김구는 동학군의 선봉장이 되어 해주성을 공격하기도 하였다.

나라를 사랑하는 강한 마음은 일본인을 죽이는 용기를 발휘하게 했다. 살인을 하면 대부분 숨기는데도 불구하고 김구는 자기가 어디에 사는 누구라고 떳떳이 밝혔다. 결국, 김구는 이 일로 말미암아 사형선고까지 받았다. 감옥에서의 생활보다는 세상의 변화를 위해서 김구는 죽음을 무릅쓰고 감옥에서 탈출했다. 그리고 경술국치로 나라가 망하자, 상하이로 탈출하여 대한민국 임시정부의 요인이 되어 광복을 위해 목숨을 돌보지 않고 일했다.

김구는 상하이 임시정부에서 일본에 말로 하는데 한계를 느끼고 무력을 사용하기 시작하였다. 그래서 이봉창과 윤봉길 같은 젊은 인재를 선발해 일본에 투쟁했다. 이 때문에 무고한 동포가 희생당하자 김구는 다른 동지를 구하기 위해, 이봉창과 윤봉길의 의거는 자신이 주도한 일이라고 당당하게 발표하였다.

김구는 어머니와 아내, 맏아들까지 남의 나라 땅에 묻는 불행을 겪으면서도 슬퍼할 겨를조차 없었다.

광복군을 조직하여 훈련시키며 일본군을 무찌를 계획을 세웠다. 임시정부의 주석으로서 일본에 선전 포고를 하기도 하였다.

광복 후에는 남과 북으로 갈라진 민족을 합치기 위해 죽음을 두려워하지 않고 38선을 넘어갔다.

안두희의 저격 전에 이미 자신을 헤치려는 음모가 있다는 정보를 듣고 자신의 안전에 신경을 써야 했었다. 그러나 용감했던 그는 자신의 죽음을 두려워하지 않다가 안두희의 흉탄에 쓰러지고 말았다.

TIP

김구의 이러한 용기가 어디서 나올 수 있는가를 보면 바로 올바른 마음에서 우러나오는 희생정신이라고 할 수 있다. 또한, 자신이 옳다고 생각하는 것을 실천하면서 평생을 용기 있게 살았기 때문에 가능할 수 있었다.

김구의 용기는 한 개인이나 가족만을 위한 것이 아니라, 오로지 민족과 나라를 위해 한평생을 바쳤다. 그렇기 때문에 김구는 뛰어난 선각자가 되었으며 겨레의 지도자가 될 수 있었던 것이다.

03 정의로운 사람이 되라

김구는 매우 '정의감'이 높은, 참으로 정의로운 사람이었다. 정의란 인간이 언제 어디서나 추구하고자 하는 바르고 곧은 것을 말한다. 김구는 정의가 무엇인지를 알았기 때문에 자주독립을 위한 삶이 어려움의 연속이었지만 결코 포기하지 않았다. 오랫동안 세상은 그를 알아주지 않았다. 그러나 김구는 정의로운 마음이 있었기 때문에 모든 어려움을 참고 인내하였으며, 끊임없는 도전을 할 수 있었다.

김구는 비단 일제 침략에 반대하는 독립 투쟁뿐만 아니라, 일상의 모든 주변 사회생활 문제에까지 정의로운 일이 아니면 결코 행하지 아니하였다. 이러한 정의로운 삶은 사람들에게 신뢰감을 주었고, 그를 따르게 하고 존경하게 만들었다.

어린 김구가 정의에 대한 생각을 가지게 된 것은 아버지를 통해서였다. 아버지 김순영은 학식은 없었으나 덩치가 크고 매우 정의로운 사람이었다. 양반이라고 목에 힘주면서 상민들을 괴롭히는 사람들을 닥치는 대로 때려눕혔기에 해주 감영을 제집 드나들 듯하였지만, 정의를 굽히지 않았다. 어린 김구는 아버지를 통해서 정의라는 것을 배우기 시작하였다.

김구는 과거를 보고 나서 당시의 사회가 얼마나 썩었는가를 통감하게 된다.

"이제부터 밖을 가꾸는 외적 수양에는 무관심하고 마음을 닦는 내적 수양에 힘써 사람 구실을 하겠다고 마음먹으니, 종전에 공부 잘하여 과거에 합격하고 벼슬하여 천한 신세에서 벗어나겠다는 생각은 순전히 허영이고 망상이었다."

그러면서 세상을 사는 관점을 신분을 바꾸겠다는 현실적인 목표에서 인간다운 사람이 되어야 한다는 것으로 바꾸었다.

정의를 생활화하게 된 데에는 고능선 선생의 영향이 컸다. 고능선은 실패를 겪더라도 그 마음이 변해서는 안되며, 일이 성취될 때까지 끊임없이 노력해야 한다는 실천철학을 김구에게 가르쳤다.

그뿐만 아니라 고능선 선생은 청년 김구에게 나라가 제국주의 열강들 때문에 큰 위기에 처해 있음을 말해주었으며, 청나라와 손잡고 일본을 몰아내야 한다며 청나라로 갈 것을 권했다. 그 영향을 받아 김구는 20세에 청나라행을 결심하게 되었다.

김구가 가진 정의감은 용감한 그의 성격과 맞물려, 자주독립을 위한 여러 힘든 일을 하는데 추진력이 되었다.

김구가 19세의 나이에 동학의 팔봉 접주가 될 수 있었던 것도, 바로 정의감에 불탔기 때문에 어린 나이지만 사람들이 김구를 따르게 된 것이다. 아울러 김구의 정의감 때문에 한인애국단이 조직되었으며, 이봉창과 윤봉길 같은 의사들이 찾아와 목숨을 맡길 수 있었던 것이다.

어려운 조건에서도 광복군이 창군할 수 있었던 것도 김구가 가졌던 정의를 바로 세워야 한다는 원칙에서 시작된 것이다.

김구의 인생에서 정의는 모든 일의 판단 기준이 되었다. 김구의 승리는 결코 우연히 생긴 것이 아니라 정의를 지키겠다는 마음에서 시작되었다.

김구는 세상의 그 어떤 것에 대한 두려움도 갖지 않았다. 자신을 무시하는 중국 정부도, 강력한 군사력을 가진 일본군도 무섭지 않았다.

그는 정의를 가지고 있었기 때문에 자신의 죽음도 두렵지 않았다. 김구의 정의는 국가에 충성하고 백성을 구하려는 데서 시작되었다. 그래서 김구에게 있어 인간적인 아픔은 아무런 장애가 되지 않았다. 오직 정의로운 사회를 만들기 위해서는 목숨도 버릴 수 있었다. 리더가 되기 위해서는 김구처럼 정의로워야 한다.

04 효도하라

김구는 놀라운 업적으로 가까이 하기 어려운 인물이었지만, 인간적으로 아름다운 이유 중의 하나는 바로 효심이 강했기 때문이다. 효심이란 부모를 정성껏 잘 섬기는 마음을 말한다. 김구는 리더가 되기 위해서는 '나라에 충성하고 부모님께 효도하며 상호 간에 예의를 지키는 정신', 즉 충·효·예를 생활화하도록 하였다. 김구는 충성심도 대단했지만 어려운 환경 속에서도 굴하지 않고 한평생을 부모님께 효도하는 것을 실천하였다.

김구는 외동아들로 태어나 젊은 나이에 독립운동에 뛰어들어 부모님을 애타게 하긴 했으나 효심에는 변함이 없었다. 김구는 자라면서 부모님의 말에 거역하지 않았다. 그뿐만 아니라 부모님에 대한 효성이 지극하였다.

김구의 부모님에 대한 효성이 지극했던 사례가 여러 가지가 있다.

청년 시절 김구의 아버지는 몹시 병이 위독한 적이 있다. 김구는 아버지를 살리기 위해서 자신의 허벅지 살을 베어 피를 내어 입에 넣어 드리는 등 온갖 정성을 다했지만, 열나흘 만에 숨을 거두었다.

김구는 아버지의 삼년상을 치렀다.

김구는 일제하 망명 정부의 어려움 속에서 변변한 치료 한 번 못하고 막내 신(信)을 제외하고는 자식들을 모두 먼저 보내야 했다. 안타깝게도 아내마저 막내를 낳은 직후 병을 얻어 1924년 1월에 사망하였다.

그런 뒤 1949년 6월 26일 안두희의 흉탄에 맞아 73세를 일기로 죽기까지 김구는 독신이었다. 측근들이 재혼을 간청해도 "조국 독립 이전에 재혼은 안 된다."는 모친의 뜻을 죽기 전까지 지킨 것이다.

초등학교도 졸업하지 못한 김구가 겨레를 이끄는 대표로서 세기를 넘어서 존경을 받을 수 있었던 것은 민족에 대한 끝없는 사랑도 있었지만, 부모에 대한 효행을 실천하고 있었기 때문이다. 김구의 지극한 효행은 하늘마저 감동하게 하고 대를 이어 복을 내렸다.

TIP

효도란 부모님을 극진히 모시는 것을 말한다. 김구가 리더로서 존경을 받을 수 있었던 것 중의 하나가 바로 효심이 지극했기 때문이다. 따라서 리더가 되기 위해서는 김구처럼 부모님께 효도하는 자세가 필요하다.

효도란 억지로 하는 것이 아니라 마음에서 우러나와서 해야 한다. 부모에게 하는 효도는 김구처럼 허벅지 살을 베어내서 하는 효도만 있는 것이 아니라, 생활 속에서 부모님에 대한 고마움을 느끼고, 자식을 키우는 것이 행복하다는 마음을 갖게 해드리는 것도 효도다. 따라서 큰 효도만을 찾지 말고 주변에서 쉽게 할 수 있는 가정의 일을 도와드리거나, 부모님과 대화를 자주 가져주는 것도 아주 좋은 효도가 될 수 있다.

05 포용력을 가져야 한다

　김구는 평생토록 항상 일관되게 대한 독립이라는 큰 목표를 가지고 있었다. 김구는 대한 독립을 위해서 지도자들이 가져야 할 덕목으로 포용력을 꼽았다.

　포용력이란 남을 너그럽게 감싸주거나 받아들이는 힘을 말한다. 김구는 자신들의 이익을 위해서 민족이 여러 갈래로 분열되는 것을 목격하면서 포용력을 리더십의 기본으로 생각하게 되었다. 그래서 김구는 시간만 나면 모든 것을 하나로 힘을 모으기 위해서 자신을 찾아온 사람들은 감싸주거나 받아들였다.

　김구는 사회 변화를 주도하기 위해 동학농민운동에 참여해서 타고난 리더십을 발휘하여 아기 접주우두머리라는 별명까지 얻을 수 있었다. 그러나 그의 부대는 조직 내 세력 싸움 탓에 같은 동학군인

이동엽의 공격을 받게 되었다. 김구는 같은 목적을 가지고도 서로가 싸울 수 있다는 것에 작지 않은 충격에 빠졌다.

이후 상하이 임시정부에서도 민족 지도자들이 자신들의 단체를 만들어서 자신들의 이익을 추구하는 것을 보고 가슴이 아팠다. 너도나도 당을 만들어 독립을 외치고 있을 때, 백범 김구만은 중심을 잡고 하나의 단일 당으로 통합하고자 하였다. 정의부, 신민부, 참의부 등이 김구에게 등을 돌릴 때에도 의열단, 조선독립당, 조선혁명당 등이 난립할 때에도 김구는 화합을 모색하였다.

혼란한 사회일수록 서로 뭉쳐서 힘을 합쳐야 하는데, 서로의 이익을 위해서 상호 비방을 하거나 심지어는 상대방에 대한 테러를 감행하였다. 김구가 원하는 자주독립으로 가는 길이 험난하다는 것을 예고하는 일이었다. 그러나 김구는 포기하지 않고 수많은 민족 지도자들과 그들의 단체와 통합을 위해서 포용력을 가지려고 노력하였다. 그래서 공동의 목표를 위해서 찾아오는 사람들은 생각이나 이념이 달라도 모두 받아들였다.

해방된 후에도 이 땅에는 자유주의와 사회주의가 좌·우익의 사상으로 나뉘어 대립하고 있었고, 이로 인해 온 나라가 들썩이기 시작했다. 김구는 자신들의 이익을 위해 두 갈래로 나뉘어, 서로 자신들의 의견에 정당성을 부여하며 자신과 다른 이념을 반대하는 것에 대하여 혐오감을 가지기도 하였다.

김구는 그렇게 바라던 해방된 나라에서 사람들의 욕심으로 인해 점점 민족의 통일은 멀어져만 가는 것 같아 안타까웠다. 하지만 김구는 포기하지 않고, 민족을 합치고 좌·우익을 합치기 위해서 죽음을 무릅쓰고 38선을 넘어 북행을 단행하였다.

김구는 죽기 전까지 사적인 이익을 위해서 나라를 나누는 행위에 대해서 용서하지 않았고, 죽음 앞에서도 타협하지 않았다.

TIP

김구는 주권을 잃은 국가가 주권을 찾기 위해서는 전 국민이 단합해야 한다고 생각하였다. 김구는 나라를 향한 애국심에 의한 행동일지라도, 제각각 목소리가 여기저기서 튀어나오면, 국가가 분열될 수 있으며 큰 힘을 발휘하지 못하리라는 것을 미리 알고 있었다.

김구는 공동의 목표를 가진 사람들은 자기와 생각이 달라도 협상과 연합을 통하여 서로 포용하고 협동해야 한다고 확신하고 또 그렇게 행동하였다. 진정으로 존경받는 리더가 되기 위해서는 나와 다른 생각을 가진 사람이라도 공동의 목표를 위해서 포용력을 가져야 한다.

06 헌신해야 한다

　김구의 리더십은 봉사자의 자세를 뜻하는 서번트 리더십Servant Leadership이라고 할 수 있다. 직역하면 '하인의 리더십'이지만 국내에서는 '섬기는 리더십'으로 알려져 있다. 미국 학자 로버트 그린리프가 1970년대 처음 주창한 이론으로 다른 사람의 요구에 귀를 기울이는 하인이 결국은 모두를 이끄는 리더가 된다는 것이다.

　김구가 존경받는 리더가 된 것은 인간 존중을 바탕으로, 구성원들이 잠재력을 발휘할 수 있도록 앞에서 이끌어주는 리더십을 펼쳤기 때문이다.

　백범 선생이 나라와 겨레를 위해 평생을 헌신하는 자세로 살았다는 것은 여러 군데에 나타난다.

김구는 일본인을 죽이고 감옥에 갇혀서 느낀 점이 많았다. 가장 시급한 일은 백성이 저마다 배우는 일이라는 것을 깨달았다. 그래야만 나라가 부강해지고, 다른 나라와 어깨를 나란히 할 수 있다고 생각하였다. 김구는 자신도 어려운 환경 속에서 죄수들을 가르치기 시작했다. 그러나 처음에 죄수들은 자기네 같은 천한 것들이 글을 배워 무엇에 쓰겠나 하고 시큰둥했었지만, 나중에는 감옥 전체가 학교가 되어 버렸다.

또한, 김구는 간수나 죄수들을 위해서 편지나 소장을 대신 써주어서 억울한 일을 해결해 주었다. 김구는 죄수들의 억울한 일을 해결하다 보니 간수들이 돈을 뺏거나 죄수들을 학대하는 일도 없어지게 되었다.

이후에도 배고파 시름하는 동포들에게 식사를 양보하고 글을 가르치는 등 국민 계몽 활동에 힘썼을 뿐 아니라 일본인에게 억울함을 당한 동포를 위해 앞장서는 등 동포 사랑이 지극했다.

동포를 배려하는 마음은 그의 이름과 아호에도 잘 나타나 있다. 이름을 구龜에서 구九로 바꾼 이유는 열 사람이 있으면 아홉 번째 순서에 해당된다고 생각한다는 자세에서 남을 배려하는 마음에 이름을 지었다. 또한, 아호를 연하蓮下에서 백범白凡으로 바꾼 이유도 백정범부白丁凡夫의 줄임말이라는 점에 잘 나타나 있다. 백범은 독립국을 이루기 위해서는 가장 천하다는 백白정과 무식한 범凡부까지 전부가 적어도 나만한 애국심을 가진 사람이 되게 하자는 소원을 나타낸 것이다.

자신을 한낱 문지기에 지나지 않는 재목이라고 낮추면서 다른 사람을 높은 자리에 천거하는 등 낮은 자리에서 묵묵히 전체를 위해 봉사하려는 자세를 항상 견지하였다.

이렇듯이 김구는 평생을 나라를 위해 헌신하는 리더십을 실천하였다.

TIP

김구는 인생을 살면서 헌신하는 것을 최우선 과제로 삼았다. 헌신을 마음속에 담기 위해 호와 이름도 바꿀 정도였다. 이름과 호만 바꾼 것이 아니라 임시정부를 이끌어갈 때도 사람들에게 헌신적으로 대했다.

백범 김구는 누구보다도 동포를 사랑하는 정신이 뛰어났다. 동포를 사랑하는 마음은 서번트 리더십을 실천하게 했다. 이러한 김구의 서번트 리더십에 반해 평생을 김구와 동지가 되어 살아간 사람들이 많다. 진정한 리더가 되기 위해서는 김구처럼 다른 사람을 배려하고, 정해진 목표에 도달하도록 헌신해야 한다.

07 도덕성을 가져라

김구는 지도자가 되려면 도덕성을 가져야 한다고 하였다. 리더가 도덕성을 갖지 못하고서는 사람들의 마음을 움직이게 할 수 없다. 사람들로 하여금 즐겁고 기쁜 마음으로 따르게 하기 위해서는 리더 자신부터 높은 전문성과 도덕성 등을 갖추지 않으면 안 되기 때문이다. 따라서 도덕성이야말로 리더들이 갖추어야 할 기본 정신이다.

김구는 가난한 어린 시절을 보냈다. 가난한 어린 시절을 보내면서 세상과 타협을 한 것이 아니라 세상의 정도를 익히면서 도덕성을 갖게 되었다. 김구는 인생을 살아가는 내내 도덕성에 비추어 위배되는 일을 하지 않으려고 하였다. 이러한 도덕성은 임시정부를 이끌어 가는 데 도움이 되었다. 임시정부의 요인들이나 지인들이 김구의 도덕성을 의심하지 않았기 때문에 김구가 이끄는 대로 따를 수 있었던 것이다.

특히 김구가 깨끗한 도덕성을 갖게 된 데에는 어머니의 역할이 컸다. 어머니 곽낙원은 가난했지만 어린 아들이 도덕성에서 벗어난 일을 용납하지 않았다. 어머니는 김구의 고난의 길도 함께 했지만, 자신의 도덕적인 삶을 통해서 아들이 스스로 따르게 하였다.

한 일화가 있다. 1915년, 김구가 석방되어 고향에 왔을 때 읍내 친구 집에서 김구를 위로하는 잔치가 벌어졌다. 이 자리에 기생을 불러다 춤과 노래로 흥을 돋우었다. 한창 잔치가 벌어지고 있을 때 어머니가 김구를 불러내 무섭게 호통을 쳤다.

"나와 네 아내가 여러 해 동안 고생한 것이 오늘 네가 기생을 데리고 술 먹는 것을 보려고 한 줄 아느냐?"

김구는 부끄러웠다.

"어머니, 다시는 호사스럽게 노는 일은 하지 않겠습니다."

"네가 옥에 있는 동안 네 아내가 고생한 것을 잊어서는 안 된다."

이후 김구는 호사스러운 놀이에 한 번도 끼지 않았다.

김구가 가지고 있는 정치적 리더십은 고도의 도덕성이었다. 김구는 고도의 도덕성을 가져야만 혼란한 시대에 리더가 될 수 있다고 생각하였다. 지도자가 도덕성을 가져야만 민족 공동체를 민주적으로 운영하면서 헌신적으로 민족의 삶의 질을 향상할 수 있다고 생각하였다.

높은 도덕성을 가진 지도자가 되어야 높은 문명의 수준을 누리는 문화적 대국을 건설할 수 있다고 생각했기 때문에, 김구는 도덕성을 가지려고 노력하였다.

김구는 말했다.

"집안이 불화하면 망하고, 나라 안이 갈려서 싸우면 망한다."

김구는 동포 간의 증오와 투쟁은 결국 서로를 망하게 하는 것이라고 사람들에게 수시로 경고하였다. 결국, 지도자가 가지는 도덕성만이 사람들에게 신뢰감을 주고 사람들 간의 증오와 투쟁을 버릴 수 있다고 하였다.

리더가 되기 위해서는 사람들을 설득할 줄 알아야 한다. 설득은 무척 어려운 활동이다. 설득은 나와 다른 곳에 있는 사람의 마음을 내가 있는 곳이나 그 중간 지점 어딘가로 옮겨와야 하기 때문이다. 따라서 설득하기 위해서는 높은 도덕성이 요구된다.

높은 도덕성이 필요한 이유는 이기심에 휘둘려 누군가를 미혹하는 것이 아니라, 모두를 이롭게 하는 방향을 가리킬 수 있어야 하기 때문이다. 도덕성을 갖기 어려운 진짜 이유는, 설득하는 사람 스스로 이미 몸과 마음으로 도덕을 행하고 있어야 훌륭하고 아름다운 설득이 되기 때문이다.

별다른 근거나 논리 없이도 짧은 말 한마디가, 행동 하나가 누군가의 마음을 움직여 감동을 주고 설득시킬 수 있는 것은 이 때문이다. 즉 누군가를 설득하고 싶으면, 김구처럼 도덕성을 몸소 행하고 있어야 한다는 것이다.

08 신념을 가져라

신념은 굳게 믿는 마음을 말한다. 사람은 마음먹은 만큼만 성취할 수 있다. 그렇기 때문에 신념은 성취를 가져오는 원동력이다. 사람의 말과 행동은 신념에서 나온다. 신념이 생각과 관련된 모든 것에 영향을 주기 때문이다. 신념의 상태에 따라 말과 행동, 그리고 습관과 운명이 바뀌게 되어 있다. 김구는 분명히 우리나라가 자주독립할 수 있다는 신념을 가지고 있었다. 그렇기 때문에 모진 고난을 이기고 승리할 수 있었던 것이다.

김구의 오직 한 가지 소원은 우리나라의 자주독립이었다. 김구의 인생에서 가장 큰 목표는 조국이 자주독립을 이루는 것이었다. 자주독립을 할 수 있다는 신념이 생기면서 어려움은 더 이상 어려움이 아니었다.

김구가 36세 때인 1911년, 안중근의 사촌 동생 안정근이 사리원에서 일본 총독을 암살하려다 체포되었다는 기사가 신문에 났다. 이로 말미암아 경무 총감부는 황해도 일대의 민족주의자를 모두 검거했다. 이것을 안악사건이라고 한다.

김구는 구속되어 밤새 고문을 당했다. 김구는 자신을 신문하던 왜경이 밤을 새우며 온 힘을 다해 자신의 업무에 충실한 것을 보며 자신을 반성하였다.

"나는 평소에 무슨 일이든지 성심껏 하다 보니 어떤 일이든 자신이 있었다. 그러나 나라를 남에게 빼앗기지 않게 구원하겠다는 내가, 남의 나라를 한꺼번에 삼키고 되씹는 저 왜놈처럼 밤을 새워 일한 적이 몇 번이었던가?"

김구는 고문을 받아 온 몸이 고통스러운 와중에서도, 자신이 최선을 다하지 못했던 것에 대해서 반성하였고, 자주독립을 이루고야 말겠다는 신념을 갖게 되었다.

서대문형무소로 이송 후에 김구는 체포된 이전과 이후에 큰 변동이 생겼다. 그의 변화는 예전에는 태산처럼 크게 보이던 왜놈이 그 때부터 겨자씨와 같이 작아 보였다. 김구는 이때 무려 일곱 차례나 매달려 고문을 받아 졸도하였다가 냉수를 끼얹어 살아나곤 했다. 그렇지만 마음은 점점 강해져서 고문하는 왜경을 혼내기까지 하였다.

그리고 다시 세상에 나가 독립운동을 더욱 열심히 해야겠다는 신념
까지 생겼다.

복역 중에 뜰을 쓸 때나 유리창을 닦을 때 그는 하느님께 기도하
였다. "우리도 어느 때 독립 정부를 건설하거든, 제가 그 집의 뜰도
쓸고 창호窓戶도 닦는 일을 해보고 죽게 해 주십시오."

TIP

김구는 오직 자주독립이 이루어질 것이라는 신념 이
외에는 아무것도 없었다. 자신의 몸을 바쳐 나라를 자주독립시
킬 수만 있다면 김구는 즉시 죽어도 여한이 없던 사람이었다. 그
의 신념이 나라를 구했고, 백성을 구한 것이다. 이처럼 신념은
사람의 목숨과도 바꿀 수 있고, 사람이 살아가는 근본적인 힘이
된다. 진정한 리더가 되기 위해서는 꼭 이루어진다는 신념을 가
지고 도전해야 한다.

09 의심하지 마라

김구는 해방된 뒤에 조국에 돌아와서 개인의 사욕을 채우려고 한다는 의심을 받은 적이 많았다. 권력에 눈이 먼 자들은 그들의 권력을 잡기 위해 오히려 김구를 모함하기까지 하였다. 심지어 김구가 순수한 마음으로 자주독립을 이루려고 했지만, 의심의 눈으로 바라본 사람도 많았다.

많은 사람들이 김구를 따랐던 것은, 그가 사람들을 진심으로 믿어주었기 때문이다. 김구는 따스한 품성으로 사람에 대한 믿음이 각별했다. 김구는 자신의 신뢰감에 대해서 말했다.

"나의 신조는 일을 맡기면 의심하지 않고, 의심하면 일을 맡기지 않는다."

이봉창 의사와 윤봉길 의사가 자신의 목숨을 조국에 바친 이유도 김구가 자신을 믿어 주었기 때문이다.

노동자였던 이봉창이 임시정부를 찾아와 독립운동을 하고 싶다는 뜻을 밝혔을 때, 김구는 일본어를 잘 구사하던 이봉창을 의심하였다. 그러나 같이 지내면서 점점 신뢰하게 되었다. 김구는 이봉창이 묵고 있던 숙소로 찾아가서 자기와 같이 나라를 위해서 큰일을 하자고 제안했다.

이어 일본 국왕 히로히토가 도쿄 교외에서 관병식觀兵式에 참가한다는 정보를 입수하고 자금과 폭탄 두개를 준비하였다. 그리고 이봉창을 여관으로 불러 폭탄 두개와 품속에서 지폐 한 뭉치를 꺼내어 일본행 준비를 하라고 건넸다.

당시 임시정부가 어려운 상황에서 자금을 마련해준 김구에게 이봉창은 고마움을 표현했다.

"거사를 맡겨 주신 것도 고마운데 생각지도 못한 돈뭉치까지 주시니 뭐라고 말을 못하겠습니다. 어렵게 만들어 주신 자금인데, 제가 이 돈을 가지고 가서 마음대로 써버리기라도 하면 어찌하시려고 이러십니까? 제가 일생에 이런 신임을 받은 것은 선생님께 처음이요 마지막입니다."

이봉창은 자신을 믿어준 김구에게 감사하였다.

그해 4월, 채소장사를 하던 윤봉길이 백범을 찾아와서 말했다.

"제가 채소 바구니를 등 뒤에 메고 날마다 홍커우 방면으로 다니는 것은 큰 뜻을 품고 천신만고 끝에 상하이에 온 목적을 달성하기 위해서입니다. 이봉창 의사처럼 저를 믿으시고 지도하여 주시면 은혜는 죽어도 잊지 못할 것입니다."

김구는 말했다.

"윤 동지, 마침 당신과 같은 인물을 구하던 중입니다. 잘되었네요."

결국 윤봉길 의사도 자신을 믿어준 김구를 위해서 목숨을 버릴 수 있었던 것이다.

김구는 독립운동의 동지들 누구에게도 그러했거니와, 특히 이봉창, 윤봉길 의사에 대한 백범의 사랑과 신뢰는 대단히 컸다.

TIP

김구와 함께 독립운동을 한 사람들의 공통적인 특징은, 김구가 자신을 알아주고 믿어 주어 목숨도 아끼지 않았다는 것이다. 김구는 자신이 일을 맡긴 사람을 너무 믿어 버려서 종종 해를 당하기도 했다. 그러나 김구는 사람을 믿어서 손해를 보고서도 성품을 평생 고치지 못하였다. 그래서 김구를 따르는 사람이 더욱 많았다.

10 청렴하라

정약용은 수령이 생활신조로 받들어야 할 덕목으로 청렴, 절검節儉:절약과 검소하고 명예와 재리財利를 탐내지 말 것을 다음과 같이 강조했다.

"백성을 사랑하는 근본은 재물을 절약하는 데 있고, 절약하는 근본은 검소한 데 있다. 검소해야 청렴할 수 있고, 청렴해야 백성을 사랑할 수 있기 때문이다. 그러므로 검소해야 하는 것은 목민관이 제일 먼저 힘써야 할 일이다."

김구는 어려서 가난하게 살았기 때문에 천성도 검소하였지만 인생 전반에 걸쳐 청렴한 삶을 살았다. 김구는 청렴하지 않은 리더는 유혹에 빠져 부정부패하기 쉬우며, 또 사치와 낭비를 일삼는 사람은 결국 부정한 방법으로라도 재물을 탐하기 마련이라는 것을 여러 차례 지켜보았다. 그래서 김구는 늘 청렴하고 정의로운 사람이 되려고 노력했다.

김구가 28세 때 장연에서 교육에 종사할 때였다. 장연 군수는 해주가 고향인 김구에게 부탁했다.

"정부에서 양잠업을 장려할 목적으로 해주에 뽕나무 묘목을 내려보냈다고 하오. 그 묘목을 각 군에 분배한다고 하니 그대가 해주에 가서 뽕나무 묘목을 가져오시오."

백범은 백성을 잘살게 하는 지극히 중요한 일이라는 것을 알고 승낙하였다.

군수의 명을 받은 관아의 이방은 200냥을 여비로 내주면서 말했다.

"부족액은 돌아온 후에 다시 청구하시오."

김구는 그렇게 하겠다고 하고 길에 올랐다. 말을 타든 가마를 타든 마음대로 하라 했지만, 김구는 돈을 아끼기 위해 걸어서 해주까지 갔다. 해주에서 장련으로 가져갈 뽕나무 수천 그루를 주었으나 말라 있었다. 백범은 이의를 제기하고는 살아 있는 묘목만 골라, 숙소로 돌아와서 물을 뿌리고 말 한 필에 싣고 장련으로 돌아가 여비 계산을 하여 130여 냥을 남겨 돌려주었다.

이방은 김구가 계산한 것을 보고 놀랐다. 짚신 한 켤레에 얼마, 냉면 한 그릇에 얼마, 그리고 떡, 마대馬貸, 밥값을 합해 총 70냥이라고 꼼꼼하게 쓴 것을 보고 경탄하여 말했다.

"다른 사람을 보냈다면 200냥보다 더 많은 돈이 들었을 텐데 당신이 가니 돈이 많이 줄었군요. 우리나라의 관리가 다 김 선생 같으면 백성의 고통이 없겠습니다."

백범은 공무와 공금에 철저했다. 임시정부 시절 얼마나 강직하게 비용을 지출하고 관리했을지 충분히 짐작할 수 있다.

1920년대 임시정부는 청사 임대료 30원을 내지 못해 건물주, 토지주로부터 고발당하였다. 그뿐만 아니라 청사의 각부 직원들의 월급도 제때 주지 못하였다. 일부 직원들은 임정을 떠나거나 임정을 상대로 소송을 제기하기도 했고, 경무국에서 일하던 청년들은 모두 뿔뿔이 흩어졌다.

임시정부에 돈을 보내던 사람들이 경찰의 탄압이 많아지자 돈을 보낼 수 없게 되었기 때문이다. 김구가 이승만에게 보낸 편지를 보면, 임시정부의 직원들이 추운 겨울에 털옷조차 입지 못하고 있으니 자금을 지원해 달라고 사정을 할 정도였다.

1946년 9월, 백범이 상하이에서 돌아와 삼남 지역 순회에 나선 적이 있었다. 가는 곳마다 동포들이 후원했다. 김구는 이것 역시 그대로 전쟁으로 재난을 입은 사람들을 위한 집을 지어주도록 하였다. 그래서 100가구가 가난하지만 평화롭게 살라는 뜻으로 백범이 직접 '백화마을'이라 이름 지어준 그 마을은 지금도 남아 있다.

김구는 자신의 직책이 높아질 때마다 자신이 하는 일이 과연 합당한가를 수없이 되돌아보았다. 《백범일지》에 그 심정이 적혀 있다.

"나는 최초에는 정부의 문지기를 청원하였으나, 끝내는 노동총판, 내무총장, 국무령, 국무위원, 주석으로 중임을 거의 역임하였다. 이렇게 된 것은 나의 능력이 높아서가 아니라, 임시정부의 인재난, 경제난이 극도에 달하였기 때문이다."

김구는 항상 낮은 곳에 있으려고 했다. 설령 그가 임시정부 주석이 되었을 때에도 그의 마음은 늘 낮은 곳에서 가장 힘든 일을 해왔다.

"나는 내가 못난 줄 잘 알고 있다. 그러나 아무리 못났더라도 국민의 하나, 민족의 하나라는 사실을 믿음으로, 내가 할 수 있는 일을 쉬지 않고 해온 것이다. 내가 만일 민족 독립운동에 조금이라도 공헌한 것이 있다면, 그만한 것은 대한 사람이라면 누구나 할 수 있는 것이다."

리더는 절약하고 검소해야 부정의 유혹에 빠지지 않으며 올바른 정책을 펴나갈 수 있다. 김구는 청렴을 직접 솔선수범하는 삶으로 보여주었다. 마치 현재를 사는 우리에게 모든 것을 너무 풍족하게 사용할 뿐만 아니라 낭비를 생활화한다며 준엄한 충고를 남기는 듯하다.

세상이 조금 넉넉해졌다고 재물을 마음대로 낭비하는 요즈음, 김구 선생님의 검소한 생활을 되새기면서 진정한 리더가 되도록 노력해야 한다. 김구의 이러한 청렴 정신은 오늘날 수많은 공무원이 부정부패에 연루되어 감옥에 가는 우리의 현실에 비추어 볼 때 한 번쯤 깊게 새겨볼 내용이다.

06

김구에게 영향을 준 사람

김구에게 영향을 준 사람

김구는 개인만의 편안한 삶을 버리고 일제의 침략 아래 신음하는 우리 민족의 살길을 열고자, 해방된 통일 조국 건설에 혼신의 힘을 다하시다 끝내 비명에 가신 근대 한민족의 큰 스승이었다. 김구가 한민족의 큰 스승이 될 수 있도록 영향을 준 사람들이 있다.

어머니 곽낙원

안중근의 아버지 안태훈

인생에 큰 가르침을 준 고능선

정치적 경쟁자이며 동반자였던 이승만

김구의 조력자 장제스

김구의 그림자 김규식

여러분도 꿈이 있다면 자신에게 영향을 줄 수 있는 사람을 만나 보라.

01 김구의 어머니 곽낙원

김구가 가장 영향을 많이 받은 사람 중의 한 분이 바로 어머니 곽낙원이다. 곽낙원은 김구의 어머니이면서 아들을 따라 일제강점기의 여류 독립운동가이자 민족운동가가 되었다. 김구가 어려울 때마다 어머니는 함께 하였고, 아들이 더욱 훌륭한 사람이 될 수 있도록 강하게 키웠다.

곽낙원은 처음엔 남들과 같이 그저 여린 어머니에 불과했다. 하지만 아들을 통해 점점 더 민족의식을 갖게 되었으며, 독립운동가들에게 김구 선생이 버팀목이 되었던 것처럼 김구 선생의 버팀목이었다. 따라서 오늘날 김구가 있기까지는 바로 어머니 곽낙원이 있었기 때문이라고 해도 과언이 아니다.

곽낙원은 1859년 2월 26일 황해도 장연長淵에서 출생하였다. 삼

각혼이라는 이상한 풍습에 따라 오빠의 처을께 오빠가 되는 김순영에게 시집왔다. 곽낙원은 김구가 어릴 때 《천자문》을 가르치고 《동몽선습》, 사서삼경四書三經 등을 읽히는 등 아들의 교육에 헌신적으로 노력하였다.

17세 때 남편이 갑자기 뇌졸중에 걸려 전신불수가 되어 자리에 눕게 되었다. 김구를 큰아버지 댁에 맡기고 남편의 병을 고치려고 집과 솥을 팔아 남편을 데리고 전국의 용한 의원을 다녔다. 그러한 정성에 힘입어 얼마 지나지 않아 남편의 병이 나아졌다. 곽낙원은 김구의 학비를 마련하기 위해 낮에는 남의 밭을 매주고, 밤에는 옷을 짜서 틈틈이 돈을 벌었다.

명성황후 시해사건으로 충격을 받은 김구가 치하포에서 일본인을 살해한 혐의로 체포되어 인천형무소 등지로 전전할 때, 매일같이 면회가서 아들을 격려하였다. 김구가 탈옥하자 남편과 같이 체포되어 인천형무소에 3개월간 투옥되었던 일도 있었다.

1910년, 남편의 죽음으로 집안 형편이 어렵게 되자 김구의 옥바라지하기 위해 삯바느질과 남의 집 가정부 노릇을 하였다. 아들이 중국에 들어가 독립운동을 할 때는 손자들을 맡아서 키웠다.

1922년, 대한민국 임시정부가 있는 상하이로 아들을 따라 옮겼다가 1926년 귀국하였다.

│ 인천대공원에 서 있는 곽낙원 여사의 동상

어머니의 근검 정신과 애국정신은 김구에게 항상 귀감이 되었다.

1934년, 김구가 대한민국 임시정부를 저장성 자싱으로 옮긴 적이 있다. 그 무렵 자싱에 어머니는 아들 김인, 김신을 데리고 찾아왔다. 어머니가 방문하여 생일이 다가오자 동지들이 생일잔치를 준비하였다.

이를 눈치 챈 어머니는 생일잔치를 준비하는 사람들에게 말했다.

"내 생일잔치 차릴 돈이 있으면 내가 먹고 싶은 것을 사 먹게 내게 돈으로 주게."

준비하던 사람들은 모두 돈을 어머니에게 주었다.

그날 밤 어머니는 동지들을 불러 놓고 난데없이 권총 두 자루를 내 놓았다.

"그 돈으로 총 두 자루를 샀네, 왜놈에게 나라를 빼앗기고 목숨을 부지하는 것만도 다행인데 어찌 생일잔치를 차릴 수 있겠는가? 이 총으로 왜놈을 하나라도 더 쏴주게!"

동지들은 할 말을 잃고 어머니의 말씀을 깊이 새겼다.

어머니는 임시정부 직원들에게 말했다.

"우리 젊은이들이 왜적을 물리치고 고국으로 나갈 때 내가 먼저 앞장설 것이네. 옛날 아들이 감옥살이할 때 내가 초라한 몰골로 면회 다니는 걸 보고 황해도 지사 김홍량이 준 무명 치마가 노랗게 바란 것이 있네. 그 치마폭에 태극기를 그려 두었지. 치마 태극기를 대나무 막대기에 끼어들고 휘두르며 내가 선봉에 서서 대한 독립만세를 부를 테니 젊은이들은 뒤따라오게나."

곽낙원은 강직한 품성으로 언제나 대범하고 당당했다. 아들 못지않은 한결같은 용기와 지혜로 충만했던 곽낙원 여사는 당시 임시정부의 대가족에서 최고령으로 독립투사들의 정신적 지주였다.

어머니 곽낙원은 82세로 충칭에서 생을 마쳤다. 1948년 8월, 김구는 어머니 곽낙원의 시신을 중국에서 운구하여 서울특별시 정릉에 안장했다. 1992년 건국훈장 애국장이 추서되었다.

02 안중근의 아버지 안태훈

안태훈은 김구가 한동안 몸을 맡긴 사람이다. 안중근 의사는 어려서부터 신동으로 이름을 날리고 있었는데, 바로 이 안태훈의 장남이다.

해주 향촌 사회에서 유수한 집안 출신인 안태훈은 전통 유학을 익혀 일찍이 서울로 올라와 약관 20세에 진사시에 합격한 인재였다. 유학을 공부했지만 전통적인 유학에 머물러 있지 않고 근대적 신문물 수용의 필요성을 인식한 개방적 사고를 지니고 있었다.

안태훈은 시대적 격동기에 지방 유생에 머물지 않고 중앙 정계 진출이라는 야심을 지닌 인물이기도 하였다. 1884년, 박영효 등 개화 세력이 근대 문물의 수용과 개혁 정책의 실행을 위해 도일 유학생을 선발할 때 뽑혔었다. 그러나 그해 12월 발생한 갑신정변에 개화파로 가담하였으나 실패로 뜻을 이루지 못하자 심한 좌절을 맛보게 된다. 그리고 탄압을 피하여 가솔을 이끌고 고향 해주를 떠나 깊은 산골인 신천군 두라면 청계동으로 이주하여 은둔 생활로 지내고 있었다.

청계동은 속세와 인연을 끊은 별천지 같은 곳이지만, 안태훈은 동학농민전쟁이 일어나면서 변혁의 소용돌이에 휘말리지 않을 수 없었다.

황해도에서는 9월경 동학군이 일어나 10월 초에는 해주부를 점령할 정도로 기세가 높았다. 동학군은 관리의 부정부패를 처벌하면서, 양반층에 대한 공격도 감행해 갔다.

청계동에 있던 안태훈의 집을 동학군이 공격하려 하자, 안태훈은 300여 명을 모아 동학군을 물리치는 전과를 올렸다. 이때 3남 1녀 가운데 장남인 안중근은 16세의 나이로 선봉에 섰다. 이후 안태훈은 동학군의 공격으로 해주부가 위태로울 때 해주 감영을 구원하기 위해 출동하였다. 이렇듯 동학농민전쟁 당시 안태훈은 동학당을 토벌하기에 많은 성공을 거두어 동학 접주들이 두려워하고 경계했던 인물이었다.

평소 안태훈은 김구의 인품을 흠모하여, 동학이 망하게 되면 인재를 잃을 수 있다 생각하고 비밀리에 밀사를 보내 서로 공격하지 말자는 내용의 편지를 보낸 적이 있었다. 김구는 적이 아닌 같은 동학당 접주인 이동엽의 급습에 무너져 숨어다니다, 참모인 정덕현의 설득으로 적장이던 안태훈에게 몸을 의탁하게 되었다.

안태훈은 김구를 극진하게 대우하고, 그의 부모까지 모셔다가 산채에 함께 살게 했다. 그뿐만 아니라 김구에게 무례하게 대하는 측근들을 혼내기도 하였다.

하지만 김홍집 일파의 단발령에 항거하여 의병을 일으키자는 김구와 고능선의 제의를 안태훈은 거절했다. 이로 말미암아 김구는 안태훈과 결별하게 되었다.

그럼에도 뒷날 김구가 임시정부의 주석이 되었을 때, 예전 안태훈이 김구에게 했던 것처럼 위험에 처한 안중근의 가족을 각별히 보살펴 주었다. 안중근의 막냇동생 안공근은 김구의 핵심 참모로 일했으며, 그의 아들 안우생은 김구의 비서로 일했다. 그 외에 많은 안씨 일가가 김구의 임시정부에 몸을 담았다.

1937년 10월에는 일본군이 상하이를 공격해 오자, 안공근은 자신의 가족들을 젖혀두고 김구의 어머니 곽낙원만을 모시고 난징으로 피난 나온 일이 있었다. 이에 김구는 안공근을 다시 상하이에 파견하여 안중근의 유족을 모셔오도록 신신당부하였으나, 안공근은 자기 가솔만을 데리고 나왔다. 이 일로 김구는 실망하여 안공근을 크게 질타하였다.

"나라를 위해 몸을 바친 안 의사 부인을 어찌 적진에 두고 올 수 있느냐? 이는 집안의 잘못만이 아니라 혁명가의 자존심에 큰 상처이며, 우리 민족의 큰 수치다."

안공근이 큰형의 가족을 함께 피신시키지 못한 것은 이미 일제의 수중에 떨어진 상하이의 현지 상황이 여의치 못했기 때문으로 보인다. 그러나 김구는 그러한 상황을 고려치 않고 원칙론에 근거해서 안공근의 행위가 잘못되었다고 꾸짖었다. 이후에도 임시정부의 자금 중 일부를 개인적으로 쓴 일과, 도박으로 자금을 탕진한 일이 있었다. 김구는 대로해서 안공근을 또 혼내게 되었다. 안공근은 자신을 꾸짖는 김구가 서운하였는지 스스로 김구를 멀리하게 되었다. 이후 안공근은 의문사로 생을 마감했다.

1945년 8월, 귀국 직전 김구는 안중근의 차남 안준생을 암살하라는 부탁을 하기도 했다. 안중근이 죽자 생계의 곤란을 겪던 안준생은 일본인을 따라 귀국하여 부친 안중근의 죄를 사과하고, 미나미 지로 총독의 양아들이 되었다. 이 때문에 김구는 암살을 지시했지만 이루어지지 않았다.

03 인생에 큰 가르침을 준 고능선

고능선은 조선 후기의 성리 학자이다. 1880년대 후반에 3 년간 강원도 춘천군 가정리 가 정 서사에서 성재 유중교에게 직접 가르침을 받았다. 유중교 는 화서 이항로의 제자였고 면 암 최익현과 동문이다. 고능선 은 평범한 유학자였지만, 황해 도 해주 지역에서 학문이 뛰어

| 고능선

나고 품행이 바르기로 소문이 났다.

그 뒤 안태훈의 초청으로 신천에 가서 청계동과 인근의 학동을

가르치게 되었다. 그는 안태훈의 모친과 같은 제주고씨라는 인연으로 1893년 2월에 해주부에서 신천군 청계동으로 이주하여 초당을 짓고 생활하였다.

1895년 초 고능선은 안태훈의 산채로 피신 온 김구를 만났다.

김구는 그동안 안갯속을 걷는 것 같은 삶을 살았다. 그래서 스승을 만나자 바로 물었다.

"과연 어떤 곳에다 발을 디뎌야 나아갈 길을 찾을 수 있을까 하는 생각에 가슴이 답답합니다. 어찌 살아야 하나요?"

고능선은 의리義理가 어떤 것인지에 대해 알려주었다.

"아무리 발군의 뛰어난 재주와 능력 있는 자라도 의리에서 벗어나면 재능이 도리어 화근이 된다."

그리고 김구를 겪어보고 가장 큰 결점으로 결단력이 부족한 점을 지적하면서 말했다.

"벼랑에 매달려 잡은 손을 놓는 것이 가히 장부로다懸崖撒手丈夫兒."

김구는 이 말을 가슴에 깊이 새기고 늘 결단의 순간에 자신을 비추어보았다.

1895년 2월부터 5월까지 김구는 고능선에게 주자학적 애국사상과 민족주의 교육을 받았다. 김구는 고능선 선생께 유학과 의리의 세계관을 배우고, 또한 실패를 겪더라도 그 마음이 변해서는 안 되며, 일이 성취될 때까지 끊임없이 노력해야 한다는 실천철학을 배우게 된다.

그뿐만 아니라 고능선 선생은 청년 김구에게 나라가 제국주의 열강들로 인해 큰 위기에 처해 있음을 말해주었으며, 청나라와 손잡고 왜적을 몰아내야 한다며 청나라로 갈 것을 권하여 김구는 20세에 청나라행을 결심하게 된다.

그 뒤 고능선은 안태훈 일가와 종교적 문제로 갈등하다가 단발령을 계기로 청계동을 떠났다.

김구와 고능선은 불과 1년도 만나지 않았지만, 고능선의 가르침은 김구의 인생에서 가장 중심이 되었고, 삶의 철학이 되었다.

04 정치적 경쟁자이며
동반자였던 이승만

이승만은 1875년 3월 26일, 황해도 평산군 마산면 대경리 능내동에서 조선의 왕족이며 몰락한 양반 가문인 이경선의 3남 2녀 중 셋째 아들로 태어났다. 호는 우남雩南이다.

| 이승만

이승만은 손위의 두 형이 그가 출생 전에 사망했기 때문에 장남 역할을 대신하였고 사실상의 6대 독자가 되었다.

이승만의 아버지는 양녕대군의 다섯째 서자의 15대손으로, 왕족이었지만 왕위 계승권에서 밀려나 가난하게 자랐기 때문에 이승만은 조선왕조 자체에 대해 극히 비판적이었다 한다.

이승만의 아버지는 한때 부자였지만 젊은 시절에 모두 탕진해 버려 어려운 가정환경이었다. 하지만 부모는 어렵게 얻은 아들에 대한 교육열이 대단하여서, 이승만은 어려서부터 서당을 다니며 학문을 접했다.

1895년 4월 2일, 아펜젤러의 배재학당에 입학하였다. 배재학당에 들어간 이승만은 일본의 지배에 반대하는 한국의 독립운동에 적극적으로 참여하기 시작하였다. 1895년 11월 29일, 명성황후가 시해당하자 이에 대한 원수를 갚는다는 계획춘생문 사건을 세웠다가 계획이 사전에 탄로나 황해도 평산의 누이 집에서 3개월간 피신하였다.

1896년 귀국한 서재필의 강의를 듣고 서양 사람들에게 호기심을 갖게 되었다. 그 후 이승만은 독립협회의 민중 운동에 앞장선 으뜸가는 청년이었으며 활발한 연설가로 활동하였다. 이때 그는 서재필·이상재·윤치호 등을 만나 자주 교류했는데, 그중 서재필은 그에게 미국 유학을 적극 권고하였다.

지속적으로 독립운동을 전개하다 1899년 1월 9일 발생한 박영효 일파의 대한제국 고종 폐위 음모에 가담하였다는 혐의로 체포되어 한성감옥에 투옥되었다. 본래 성격이 성급하기로 유명했던 이승만은 오랜 감옥 생활로 성격이 더 굳어지는 계기가 되었다. 그는 감옥에서 성경책을 통해 틈틈이 영어공부를 했으며, 이때부터 이승만은 영어공부에 재미를 느끼면서 심심풀이로 혼자서 《한영사전》을 정리하기도 했었다.

1904년 7월 8일, 이승만은 특별 사면령을 받고 석방되었다. 민영환·한규설 등이 그의 사면을 위해 노력한 결과, 러일전쟁이 발생하면서 그는 8월 9일 특사로 감옥을 나올 수 있었다.

민영환閔泳煥은 이승만이 미국에 가서 미국 대통령을 만나 일본 침략의 부당을 알리는 밀사가 되어 출국하기를 바랐다. 이승만은 미국으로 와서 나라의 어려움을 알리는 외교 활동을 전개했지만 밀사 활동에는 실패하였다. 이에 실망한 이승만은 미국에 남아 공부하기로 결심한다. 이후 이승만은 조지워싱턴대학교에서 철학哲學을 공부하였다. 하버드대학교에서 철학 석사학위를, 그리고 1910년에 프린스턴대학교에서 철학 박사학위를 받았다. 학비나 후원자가 없던 이승만은 노동과 아르바이트로 학비를 조달하였다.

1910년 한국으로 돌아와 YMCA에서 교사로 활동하였으며, 그리고 이어 YMCA 청년부 간사로 취임하여 기독교를 선교하였다. 1912년 미국으로 되돌아갔다가 옥중 동지인 박용만의 초청으로 하와이로 건너가 정착했다. 이승만은 하와이 감리교회가 운영하는 한인 학교인 '한인기숙학교'의 교장직에 추천되어 취임하였다.

1919년 9월 11일에는 상하이의 대한민국 임시정부 대통령으로 선출되었다. 그가 대통령에 선출된 이후 상하이 임시정부는 이승만에게 상하이로 와줄 것을 요구하여 미국에서 상하이로 건너왔다.

김구는 이승만과 서로 매우 친분이 두터웠다. 공석에서도 김구는 이승만을 '형님'이라고 부를 정도로 사이가 매우 좋았다.

그러나 김구가 장덕수 암살 사건의 배후로 지목되었을 때 이승만이 도움을 거절한 일로 두 사람의 관계는 악화되었다. 장덕수 암살의 배후로 지목되어 법정에 증인 자격으로 서게 된 김구는 자신이 법정에 서지 않게 해달라고 이승만에게 도움을 요청했지만, 이승만은 그럴 마음이 없었다.

이승만이 장덕수 암살 사건으로 위기에 처한 국민회의를 방관하면서 한민당과 연대하며 독자적으로 '한국민족대표단'을 구성하자 김구는 크게 분노하였다.

이승만은 1948년 5월 10일, 국회의원 선거에서 동대문구 갑에 단독으로 입후보하여 무투표 당선되었다.

1948년 5월 31일 구성된 제헌국회는 최고령자인 이승만을 제1대 제헌국회 의장으로 선출하였다. 국회의장이 된 이승만은 윤보선을 자신의 국회의장 비서로 채용했다. 1948년 7월 20일, 대한민국 대

| 이승만과 김구

통령 선거에서 김구 · 안재홍 · 서재필 등을 누르고 제헌 국회의 대한민국 초대 대통령으로 선출되었다.

1960년 3월 15일, 정 · 부통령 선거에서 이기붕 후보를 부통령으로 당선시키기 위해 개표를 조작하는 일을 벌였다. 이로 인해 4 · 19 혁명이 일어나 결국 자진 사퇴하였다.

같은 해 5월 휴양차 하와이로 떠나 있다가 후속 정권의 귀국 허락을 받지 못해 호놀룰루에서 1965년 7월 19일 서거하였다.

05 김구의 조력자 장제스

장제스는 1887년에 중국 저장성 평화현에서 소금장사의 장남으로 태어났다. 대를 이어온 가업이 소금 상인이어서 집안은 중산층이었다. 그러나 아버지는 장제스가 아홉 살 때 갑자기 사망했고, 이후 가정 형편은 어렵게 되었다. 그러나 모친 왕차이위는 재혼하지 않고 어린 장제스 남매를 양육하였다. 모친 왕차이위는 전형적인 현모양처로서 불교신앙이 깊고 자녀들 교육에 엄격하며 매우 근면한 성격이었다.

장제스는 6세부터 16세 소년기까지 여러 스승에게서 전통 한학을 공부하였다. 장제스는 소년기에 이미 중국의 전통 학문과 사상에 대한 상당한 수준의 지식을 쌓았는데, 이것이 훗날 그의 민족주의적 성향과 중국의 전통적 가치를 중히 여기는 데 바탕이 되었다.

장제스는 14세가 되던 1901년, 당시 관행대로 어머니가 정해 준 5년 연상인 인근 처녀 마오 푸메이毛福梅와 결혼하였다. 17세부터 신식 교육을 받기 시작했다. 쑨원의 혁명운동과 미국과 유럽 등 선진국에 대하여 듣고, 쑨원을 존경하고 혁명에 투신할 뜻을 품게 되었다.

장제스가 청소년기를 보낸 시기는 중국 군벌*이 여기저기서 나타났으며, 외세의 침입으로 군사적으로 중국이 매우 약해진 시기였다. 야심이 컸던 장제스는 권력을 가지려고 군인의 길을 가기로 결심했다. 1906년 4월, 바오딩군관학교에 입학하여 군사 수업을 받았고, 이듬해에는 일본육군사관학교에 유학했다. 일본에서 그는 다른 유학생들과 마찬가지로 봉건 청조에 반대하고 중국에 새로운 공화국을 세우고자 하는 열망을 가지고 중국동맹회에 가입했다.

일본육군사관학교를 졸업한 장제스는 1909년부터 1911년까지 일본 제국군에서 복무했다. 1911년, 신해혁명**이 일어나자 중국으로 돌아와 혁명군을 이끌었고, 군사적인 재능을 보여 쑨원의 신임을 얻게 되었다. 이후 위안스카이의 반동 정책에 맞서 싸웠다. 1918년, 그는 다시 쑨원의 휘하에서 군사 업무를 보았고, 1923년

---

* 군벌 : 강대한 군사력을 가진 정치적 특권을 가진 군인 집단

** 신해혁명 : 중국의 민주주의 혁명으로 쑨원을 대총통으로 하는 중화민국이 탄생하였다.

쑨원과 그의 아내 쑹칭링을 암살범의 기관총 공격에서 구해내어 쑨원의 두터운 신임을 얻었다.

이 무렵 쑨원은 소비에트 연방*과 손잡고 제1차 국공합작을 실시했다. 이때 장제스는 군사 자문단으로 소비에트로 가서 소비에트군을 연구하고 돌아왔다. 당시 중국 혁명의 성공 여부는 바로 군사력에 달려있었다. 쑨원은 혁명을 실천할 군사력을 키우기 위해 광저우에 황푸군관학교를 설립하였고, 장제스는 그 학교의 초대 교장이 되었다. 장제스는 이 학교에서 자신의 부하를 많이 길러냈으며 황푸군관학교는 국민당내에서 장제스의 권력을 강화하는 데 큰 역할을 하였다.

1925년 3월 12일, 쑨원이 죽자 국민당의 권력을 놓고 권력 투쟁이 벌어졌지만 황푸군관학교 출신 부하들의 지지와 군사력을 바탕으로 결국 국민당 권력을 잡았다. 한편 국민당은 1925년 국민혁명군을 창설하고 장제스는 그 총사령관이 되었으며, 1926년 중국 북부의 군벌들을 제압하기 위하여 대규모 북벌을 개시했다.

1927년 4월 12일, 장제스는 상하이에서 대대적인 공산당 소탕 작전을 펼쳐 마침내 중국을 국민당의 깃발 아래 통일하였다. 1928년 난징에 국민당 주도의 새 중앙정부를 세우고 국가 주석으로 취임하였다.

---

* 소비에트 연방 : 러시아에서 레닌이 일으킨 혁명으로 만들어진 소비에트 사회주의공화국

장제스는 국민당 정권의 총통이 되어 강력한 군을 바탕으로 권력을 잡았다. 그는 공산당이 지배하는 지역을 완전히 정복하기 전까지는 일본의 침략에 저항하지 않기로 하였고, 일본은 야금야금 대륙을 침입해 들어왔다. 그는 1930년부터 지속적으로 공산당 지배 지역에 대한 토벌전을 벌였는데 완전히 섬멸할 수 없었다.

1937년 중일전쟁이 발발하자 시안사건*을 계기로 공산당 섬멸 작전을 중단하고 국공합작**을 통해 일본 침략군에 맞서 싸우게 되었다. 장제스는 국민정부를 난징에서 충칭으로 옮기고, 1941년 연합군이 일본에 선전 포고를 하기 전 4년 동안 중국은 단독으로 일본과 전투했다.

단독으로 일본과 전투를 하는 한편 김구·김규식·김원봉·조소앙 등과 꾸준히 접촉하며 상하이 임시정부와 조선의용대를 지원하기도 했다.

1943년 11월, 미국의 루즈벨트, 영국의 처칠과 이집트 카이로에 모여서 '카이로 회담'을 하였다. 이때 한국 독립 문제를 거론하였고 회의에서는 '한국 민중의 노예 상태에 유의하여 적당한 시기에 독

---

* 시안사건 : 시안에 주둔 중인 만주군이 공산군 토벌을 격려하러 온 장제스를 감금하고 내전을 중지하고 항일 투쟁을 해야 한다고 한 사건
** 국공합작 : 중국국민당과 중국공산당이 협력관계를 가진 것

립시킨다'는 결의를 얻어냈다.

1945년 일본이 미국에게 항복하였으나, 국민당은 마오쩌둥, 저우언라이 등이 주도하는 중국공산당과 사이에 국공 내전이 발발하였고 1949년에는 종국적으로 패배하여 타이완으로 도피하게 되었다.

국민당 잔여 부대를 이끌고 타이완으로 건너가서 국민당 지도자들과 함께 정부를 조직하였다.

장제스는 쑨원의 정통 후계자임을 내세웠다. 1919년 8월, 쑨원이 대한민국 임시정부를 승인한다는 방침을 밝힘에 따라 장제스 역시 대한민국 임시정부에 호의적이었다. 그러나 처음에는 별다른 지원을 보이지 않았다. 국민당 내에는 황푸군관학교와 조선의용단 인맥인 김규식 · 김원봉의 일파와 관계를 맺는 군부 내 파벌이 존재하였지만 장제스는 특별한 지지입장은 표명하지 않고 있었다.

1932년, 이봉창 의거와 윤봉길 의거를 계기로 장제스는 대한민국 임시정부에 대해 전폭적인 지원을 했다. 대한민국 임시정부에 수시로 지원금을 보냈으며, 대한민국 임시정부를 지키던 김구와 조선민족혁명당의 김규식 · 김원봉 등을 설득하여 연합전선 구축을 권고하기도 했다.

카이로 회담 전에 김구 등 임시정부 요인들을 만난 장제스는 한국의 독립을 약속했다. 이후 카이로 회담에서 미국 · 영국의 원수들이 모인 자리에서 미국과 영국으로부터 한국을 적절한 시기에 독립시킬 것이라는 합의를 이끌어냈다.

김구 주석 일행이 충칭을 떠나기 하루 전인 1945년 11월 4일, 장제스 중국 총통은 해방을 맞아 귀국하는 김구 주석 등 대한민국 임시정부 요인들, 한국독립당 간부와 각계 요인 200여 명을 초청하여 전별식을 베풀었다. 장제스 주석의 이러한 한국독립 지지 태도는 미국으로 하여금 중국이 만주와 한반도에 대한 역사적 지위의 회복을 바라고 있다는 판단을 갖게 함으로써 후일 미군정이 임시정부를 철저히 냉대하게 만든 요인이 되기도 했다. 이 자리에서 그는 국민당 사무장 우티에청에게 명하여 미화 20만 달러를 김구에게 전달했다. 수십 년간 대일 항전의 동지로 지내온 김구에 대한 가장 파격적인 지원이었다. 장제스가 고국으로 돌아가는 김구에게 20만 달러라는 거액을 쥐어준 데는 단순한 우정을 넘어 향후 '보은'을 다짐받는 의미가 들어있었다.

한국전쟁 때 더글러스 맥아더가 만주 폭격 계획을 세우자 장제스는 환영하며 해리 트루먼 미국 대통령에게 만주 폭격을 지원해줄 것을 요청했지만, 트루먼의 거절로 좌절되었다.

1949년, 장제스는 대한민국 진해시의 이승만 대통령 별장에서 이승만 대통령과 정상회담을 하였다. 이승만 대통령은 1953년 11월

| 이승만이 장제스에게 전달한 표창
　대한민국 건국 표창 중 가장 격이 높은 표창이다.

중화민국을 방문해 장제스 총통과 정상회담을 하였다.

　시련을 겪은 그는 한때 부패했던 국민당 조직을 개편했고, 부패 관리들을 적발하여 숙청하였으며, 뇌물을 받은 자신의 며느리도 예외 없이 사형에 처했다.

　한국전쟁 휴전 이후에는 대중화인민공화국 전진기지로 인식한 미국의 전략적 원조를 받게 된다. 1955년 미국은 국민 정부와 타이완 방위를 보장하는 협정을 체결했다. 이후 미국의 원조에 힘입어 그후 20년 동안 타이완의 경제발전을 실현하는 데 성공했다.

　그러나 1972년 초 닉슨의 중공 방문으로 미국과 중국 사이에 관계 개선이 이루어지면서 타이완은 고립되었고, 1955년의 타이완 방위 협정의 효력과 그의 정부의 미래에 대하여 심각한 의문이 제기되었다. 그러던 와중 88세의 일기로 1975년에 세상을 떠났다.

06 김구의 그림자 김규식

김규식은 1881년 2월 28
일, 경상남도 동래부사 종사
관인 아버지 김지성과 어머
니 경주이씨의 셋째 아들로
태어났다. 김규식은 대한제
국의 종교가, 교육자이자 일
제 강점기의 독립운동가, 정
치가이다. 언더우드 목사의

| 김규식

비서, 경신학교의 교수와 학감 등을 지내고 미국에 유학하였다.

1918년 파리강화회의에 신한청년당, 대한민국 임시정부 대표로
파견되어 이후 10여 년간 외교 무대에서 종횡무진으로 활약하며 한

국의 독립운동이 국제 승인을 받도록 하기 위하여 심혈을 기울였다.

아버지 김지성은 당시 조선에 파견된 청나라의 위안스카이가 내정 간섭을 단행하고, 일본과의 불평등한 교역으로 인해 많은 문제점이 발생하자 민씨 정권의 대일 무역 정책을 비판하는 상소문을 올린 것이 빌미가 되어 유배를 당하였다.

1887년, 어머니마저 사망하여 6세에 고아가 되었는데, 마침 우리나라에 와 있던 미국의 선교사 언더우드의 보살핌으로 성장하였다.

파리 강화회의 참가 중 1919년 3·1 만세 운동을 기획하였고, 파리회담에 참여하여 한국의 독립을 승인해줄 것을 국제사회에 알리려 노력하였으나 좌절당하였다.

1919년 3월 이후 임정 수립 이후 각지에서 세워진 임시정부로부터 전권대사와 외무부서장에 임명되었다. 4월 임정에 참여하여 외무총장에 임명되고 파리 대표부를 조직하고 위원장이 됐으며, 구미외교위원부 위원장, 부위원장, 학무총장 등으로 활동하다가 1921년 임시정부의 창조파와 개조파를 놓고 갈등할 때는 창조파의 입장에 서기도 했다.

그 뒤 만주에서 대한독립군단의 지휘관으로도 활약하였고, 임정을 떠나 독립운동 단체의 통합 노력과 교육 활동 등을 하다가 1930년 다시 대한민국 임시정부에 재입각했다.

1935년, 민족혁명당 결성을 주도하고 당 주석직에 올랐으며, 좌우 합작의 일환으로 임정에 다시 참여, 1940년부터 1947년까지 대한민국 임시정부 부주석을 지냈다.

　　해방 후에는 김구 등과 함께 귀국하여 신탁통치 반대 운동에 나섰다.

　　1948년 2월, 남한의 단독 총선거에 반대하여 김구·조소앙 등과 함께 북조선으로 건너가 4월의 남북협상에 참여하였다. 단독 정부 수립에 반대하였으나 1948년 5월 귀환 후, 불반대 불참가로 입장을 바꾸고 민족자주연맹 당원들에게 초대 제헌의원 선거와 제2대 국회의원 총선거에 출마할 것을 권고하기도 했다.

　　김규식은 한국전쟁 때 북한인민군에 의해 납북되었으며, 북한 인민군이 유엔군의 공세에 밀려 평안북도 만포진 부근 압록강 한 귀퉁이까지 끌려갔다가 1950년 12월 10일, 오랫동안 앓아왔던 심장병, 천식 등의 병세가 악화되면서 70세를 일기로 숨을 거뒀다.

내가 원하는 우리나라

《백범일지》 말미에 붙은 논문 〈나의 소원〉 중 마지막 부분

나는 우리나라가 세계에서 가장 아름다운 나라가 되기를 원한다. 가장 부강한 나라가 되기를 원하는 것은 아니다. 내가 남의 침략에 가슴이 아팠으니 내 나라가 남을 침략하는 것을 원치 아니한다. 우리의 부력富力은 우리의 생활을 풍족히 할 만하고, 우리의 강력强力은 남의 침략을 막을 만하면 족하다. 오직 한없이 가지고 싶은 것은 높은 문화의 힘이다. 문화의 힘은 우리 자신을 행복하게 하고 나아가서 남에게 행복을 주겠기 때문이다.

지금, 인류에게 부족한 것은 무력도 아니요, 경제력도 아니다. 자연 과학의 힘은 아무리 많아도 좋으나 인류 전체로 보면 현재의 자연 과학만 가지고도 편안히 살아가기에 넉넉하다. 인류가 현재에 불행한 근본 이유는 인의가 부족하고 자비가 부족하고 사랑이 부족한 때문이다. 이 마음만 발달이 되면 현재의 물질력으로 20억이 다 편안히 살아갈 수 있을 것이다. 인류의 이 정신을 배양하는 것은 오직 문화이다.

나는 우리나라가 남의 것을 모방하는 나라가 되지 말고 이러한 높고 새로운 문화의 근원이 되고 목표가 되고 모범이 되기를 원한다. 그래서 진정한 세계의 평화가 우리나라에서, 우리나라로 말미암아서 세계에 실현되기를 원한다. 홍익인간弘益人間이라는 우리 국조國祖 단군檀君의 이상이 이것이라고 믿는다.

또, 우리 민족의 재주와 정신과 과거의 단련이 이 사명을 달성하기에 넉넉하고 우리 국토의 위치와 기타 지리적 조건이 그러하며, 또 1차, 2차의 세계대전을 치른 인류의 요구가 그러하며, 이러한 시대에 새로 나라를 고쳐 세우는, 우리가 서 있는 시기가 그러하다고 믿는다. 우리 민족이 주연 배우로 세계 무대에 등장할 날이 눈앞에 보이지 아니하는가.

이 일을 하기 위하여 우리가 할 일은 사상의 자유를 확보하는 정치 양식의 건립과 국민 교육의 완비다. 내가 위에서 자유와 나라를 강조하고 교육의 중요성을 말한 것은 이 때문이다.

최고 문화 건설의 사명을 달한 민족은 일언이폐지하면 모두 성인聖人을 만드는 데 있다. 대한 사람이라면 간 데마다 신용을 받고 대접을 받아야 한다. 우리의 적이 우리를 누르고 있을 때에는 미워하고 분해하는 살벌, 투쟁의 정신을 길렀었거니와, 적은 이미 물러 갔으니 우리는 증오의 투쟁을 버리고 화합의 건설을 일삼을 때다. 집안이 불화하면 망하고 나라 안이 갈려서 싸우면 망한다. 동포 간의 증오와 투쟁은 망조다. 우리의 용모에서는 화기가 빛나야 한다. 우리 국토 안에는 언제나 춘풍이 태탕하여야 한다. 이것은 우리 국민 각자가 한번 마음을 고쳐먹음으로 되고 그러한 정신의 교육으로 영속될 것이다. 최고 문화로 인류의 모범이 되기로 사명을 삼는 우리 민족의 각원솝員은 이기적 개인주의자여서는 안 된다. 우리는 개인의 자유를 극도로 주장하되, 그것은 저 짐승들과 같이 저마다 제 배를 채우기에 쓰는 자유가 아니요, 제 가족을, 제 이웃을, 제 국민을 잘살게 하기에 쓰이는 자유다. 공원의 꽃을 꺾는 자유가 아니라 공원에 꽃을 심는 자유다.

우리는 남의 것을 빼앗거나 남의 덕을 입으려는 사람이 아니라 가족에게, 이웃에게, 동포에게 주는 것으로 낙을 삼는 사람이다. 우리말에 이른바 선비요 점잖은 사람이다.

그러므로 우리는 게으르지 아니하고 부지런하다. 사랑하는 처자를 가진 가장은 부지런할 수밖에 없다. 한없이 주기 위함이다. 힘든 일은 내가 앞서 하니 사랑하는 동포를 아낌이요, 즐거운 것은 남에게 권하니 사랑하는 자를 위하기 때문이다. 우리 조상네가 좋아하던 인후지덕仁厚之德이란 것이다.

이러함으로써 우리나라의 산에는 삼림이 무성하고 들에는 오곡 백과가 풍성하며 촌락과 도시는 깨끗하고 풍성하고 화평할 것이다. 그리하여 우리 동포, 즉 대한 사람은 남자나 여자나 얼굴에는 항상 화기가 있고 몸에서는 덕의 향기를 발할 것이다. 이러한 나라는 불행하려 하여도 불행할 수 없고 망하려 하여도 망할 수 없는 것이다.

민족의 행복은 결코 계급 투쟁에서 오는 것도 아니요, 개인의 행복도 이기심에서 오는 것이 아니다. 계급 투쟁은 끝없는 계급 투쟁을 낳아서 국토에 피가 마를 날이 없고, 내가 이기심으로 남을 해하면 천하가 이기심으로 나를 해할 것이니, 이것은 조금 얻고 많이 빼앗기는 법이다. 일본이 이번에 당한 보복은 국제적, 민족적으로도 그러함을 증명하는 가장 좋은 실례다.

이상에서 말한 것은 내가 바라는 새 나라의 용모의 일단을 그린 것이거니와, 동포 여러분! 이러한 나라가 될진대 얼마나 좋겠는가. 우리네 자손을 이러한 나라에 남기고 가면 얼마나 만족하겠는가. 옛날 한토漢土의 기자箕子가 우리나라를 사모하여 왔고, 공자께서도 우리 민족이 사는 데 오고 싶다고 하였으며, 우리 민족을 인仁을 좋아하는 민족이라 하였으니, 옛날에도 그러하였거니와, 앞으로도 세계 인류가 모두 우리 민족의 문화를 이렇게 사모하도록 하지 아니하려는가.

나는 우리의 힘으로, 특히 교육의 힘으로 반드시 이 일이 이루어질 것을 믿는다. 우리나라의 젊은 남녀가 다 이 마음을 가질진대 아니 이루어지고 어찌하랴.

　나도 일찍 황해도에서 교육에 종사하였거니와, 내가 교육에서 바라던 것이 이것이었다. 내 나이 이제 70이 넘었으니 몸소 국민 교육에 종사할 시일이 넉넉지 못하거니와, 나는 천하의 교육자와 남녀 학도들이 한번 크게 마음을 고쳐먹기를 빌지 아니할 수 없다.

- 1876년   김구 출생
- 1892년   임진년 경과에 응시하였으나 낙방
- 1901년   부친 김순영 사망
- 1902년   여옥과 약혼
- 1903년   약혼녀 여옥 사망
- 1904년   12월 최준례와 결혼
- 1910년   신민회에 참가
- 1919년   4월 대한민국 임시의정원 의원
- 1919년   대한민국 임시정부 내무부 경무국장
- 1926년   12월 임시정부 국무령에 선출됨
- 1928년   결사 단체인 한인애국단을 조직하여 항일 무력 활동을 시작
- 1929년   5월 《백범일지》 상권 탈고
- 1930년   8월 4일, 대한민국 임시정부 국무령에 선임
- 1932년   이봉창 · 윤봉길 의거 지휘
- 1935년   한국국민당 조직
- 1940년   3월 대한민국 임시정부 주석에 선임
- 1940년   9월 대한민국 임시정부 충칭으로 이전

- 1944년 대한민국 임시정부 주석에 재선임
- 1945년 대한민국의 이름으로 대일 선전 포고
- 1945년 11월 23일, 미군 수송기 편으로 임정 요인 환국 제1진으로 귀국
- 1946년 2월 13일, 비상국민회의의 최고정무위원직으로 선출
- 1946년 이승만과 함께 3·1절 기미독립선언기념 전국대회를 주관
- 1946년 일본에 사람을 파견하여 이봉창·윤봉길·백정기 3의사 유골을 찾아 국민장으로 효창원에 안장
- 1946년 6월 29일, 민족통일총본부 부총재에 추대
- 1947년 1월 24일, 반탁독립투쟁위원회의 위원장 맡음
- 1947년 12월 국사원에서 《백범일지》 출간
- 1948년 2월 10일, 〈삼천만 동포에게 읍소함〉이란 제목으로 남한 단독정부 수립 반대 성명 발표
- 1949년 백범학원 세움
- 1949년 창암학원 세움
- 1949년 6월 26일, 경교장에서 육군 포병 소위 안두희에게 암살당함
- 1962년 건국훈장 대한민국장 추서

참고 문헌

김구(1947), 《백범일지》, 국사원

백범김구선생전집편찬위원회 편(1999), 《백범김구전집 1권~13권》, 대한매일신보사

백범사상실천운동연합(2003), 《비운의 역사 현장 아! 경교장》, 경교장복원범민족추진위원회 편

도진순 역(2007), 《백범어록(평화통일의 첫걸음, 백범의 마지막 말과 글)》, 돌베개

김삼웅(2004), 《백범 김구 평전》, 시대의창

손세일(1970), 《이승만과 김구》, 일조각

김구, 나남출판 편집부 지음(2005), 《백범 김구선생의 편지 – 백범학술원총서》, 나남출판

이현희(1999), 《석오 이동녕과 백범 김구》, 일조각

선우진(1976), 《위대한 한국인 제9권 김구 편》, 휘문출판사

신용하(2003), 《백범 김구의 사상과 독립운동》, 서울대학교출판부

정경환(2007), 《백범 평전》, 이경

국사편찬위원회(1965~1970), 《한국독립운동사 1~5》

교문사 편집부 저(1982.08.01), 《백범 김구 : 생애와 사상》, 교문사

김구(2004), 《백범 김구선생 언론집 상, 하》, 나남출판

한국사학회(1987), 《한국현대인물론 1, 2》, 을유문화사

윤명숙(1995), 《대한영웅전 1》, 국가보훈처

강원룡(2003), 《역사의 언덕에서 2 : 전쟁의 땅 혁명의 땅》, 한길사

김삼웅(2004), 《김구 평전》, 시대의 창

대한민국의 위대한 지도자

김구 리더십

초판 1쇄 인쇄	2013년 3월 22일
초판 1쇄 발행	2013년 3월 26일

지은이 │ 전도근

펴낸곳 │ BOOK★STAR
펴낸이 │ 박정태
출판등록 │ 2006. 9. 8. 제 313-2006-000198 호
주소 │ 경기도 파주시 문발동 파주출판문화도시 500-8
광문각 B/D 4F
전화(代) │ 031)955-8787
팩스 │ 031)955-3730
E-mail │ Kwangmk7@hanmail.net

ⓒ 2012, 전도근
ISBN 978-89-97383-09-2 44040
978-89-966204-7-1 (세트)

정가 │ 12,000원